LE
MARTYRE DE LENS

TROIS ANNÉES DE CAPTIVITÉ

PAR

ÉMILE BASLY

DÉPUTÉ-MAIRE DE LENS

Deuxième édition

PARIS

LIBRAIRIE PLON

PLON-NOURRIT ET Cie, IMPRIMEURS-ÉDITEURS

8, RUE GARANCIÈRE — 6^e

—

1918

Tous droits réservés

LE MARTYRE DE LENS

TROIS ANNÉES DE CAPTIVITÉ

Ce volume a été déposé au ministère de l'intérieur
en 1918.

LE MARTYRE DE LENS

TROIS ANNÉES DE CAPTIVITÉ

PAR

ÉMILE BASLY

DÉPUTÉ-MAIRE DE LENS

PARIS

LIBRAIRIE PLON

PLON-NOURRIT ET Cie, IMPRIMEURS-ÉDITEURS

8, RUE GARANCIÈRE — 6^e

—

1918

Tous droits réservés

PRÉFACE

Ces mémoires ne sont pas dus à l'imagination d'un écrivain, d'un romancier. C'est un ancien ouvrier mineur qui les a écrites et j'en avertis d'abord le lecteur afin qu'il ne cherche pas dans ces pages des mérites littéraires qui n'y sont point. Ce n'est pas mon histoire que je me suis proposé de raconter, elle paraîtrait banale et vide, à côté de bien d'autres, tant d'êtres ont enduré des tortures pires que les miennes !

C'est l'existence d'une ville que j'ai voulu faire revivre, — et dans quelles poignantes circonstances ! — c'est le long, l'angoissant martyre de Lens que je me suis efforcé d'évoquer ; car il faut que nos fils conservent le souvenir des crimes commis, des dévastations méthodiques entreprises *par la horde allemande. Ces simples notes, que je transcrivis à mon retour d'exil, avaient, dans mon esprit, un double but : elles devaient renseigner le gouvernement sur la vaillance, l'énergie, le tenace espoir de mes compatriotes; elles devaient également montrer aux soldats du Nord, se battant dans les tranchées, combien leurs femmes furent dignes d'eux et quel splendide courage les anima. Publiés dans le journal le Petit Parisien, ces récits ont suscité dans notre pays et à l'étranger un remarquable élan de pitié et de sympathie ; puissent-ils faire naître, aujourd'hui, la même fraternelle émotion !*

Lens, dans le martyrologe des villes de France, a pris place à côté de Reims, Arras, Saint-Quentin, Péronne, mais la férocité allemande s'exerça, sur la ville noire, avec plus d'acharnement encore, plus de haine perverse que sur les autres cités. Raser les maisons, les monuments d'une ville en pleine expansion économique, ayant prodigieusement accru pendant ces dernières vingt années, par son travail et son esprit d'économie, ses richesses et ses ressources ; piller ses habitants, les jeter dans les geôles allemandes, tels furent les exploits de ces grands destructeurs de la vie. Cela ne leur suffit point. Ils frappèrent le pays au cœur : sous leurs coups, la mine fut fouillée, noyée, désertée. Elle est aujourd'hui un vaste cimetière souterrain, ensevelissant sous ses pierres inertes le magnifique labeur d'un peuple. Ce sont tous ces méfaits, tous ces crimes que j'ai voulu dénoncer au monde. Il eût été préférable de classer les événements, soigneusement par année ; mais je n'ai pu, en dépit de mes efforts, rétablir leur ordre véritable. Faut-il accuser les rigueurs de l'âge, les angoisses de la guerre, les mauvais traitements subis ? Il y a désormais, dans ma mémoire, dans ma vie, de grands trous d'ombre.

Les noms réels de certaines gens, pourtant familiers, les dates exactes de faits importants, je ne puis les donner ici, je ne m'en souviens plus. D'autre part, je suis revenu d'exil sans un document, sans un papier, les Allemands m'ayant tout volé. *Enfin, dois-je l'avouer? Au plus fort de mes épreuves, je ne savais quel jour, quel mois nous étions. Comment l'homme est-il fait? Pour moi, le temps passait vite, très vite. Si les premiers janvier 1915 et 1916, les Allemands n'avaient déchargé dans le ciel sombre, à minuit, des milliers de fusils, je n'aurais pas su qu'une autre année allait naître.*

Pour toutes ces imperfections, je demande au lecteur de se montrer indulgent. S'il veut bien témoigner de l'intérêt, de l'affection à ma chère ville de Lens, à ses fils courageux, nous serons récompensés de toutes nos souffrances.

Nous avons tant besoin dans l'avenir d'être aidés, soutenus, car Lens, blessée, mutilée, veut renaître. Lens, morte, ressuscitera.

Émile BASLY.

LE MARTYRE DE LENS

PREMIÈRE PARTIE

I

LE PROLOGUE DU DRAME

C'était le 31 août; nous déjeunions, ma femme, mon fils et moi, lorsque à midi et demi la sonnerie du téléphone retentit; je me dirigeai vers l'appareil.

— Allo! c'est vous?

Leclerc, l'appariteur de la mairie, un

ancien mineur, un vieux camarade de toujours, m'appelait.

— Oui, eh bien, qu'y a-t-il?

— Une patrouille allemande est arrivée
devant l'hôtel de ville.

— C'est bon, j'y vais.

Ma femme pâlit; sans quitter sa place,
elle demanda :

— C'est eux?

Je ne répondis pas; alors mon fils,
levant les yeux sur moi, jeta sa serviette
sur la table :

— Je t'accompagne, déclara-t-il.

Et tous les deux nous prîmes le chemin
de la mairie. De la rue Diderot, où j'habitais, à l'hôtel de ville, la distance est d'une
centaine de mètres. En route, ni mon fils,
ni moi ne parlions. Il avait trouvé tout
naturel de ne pas me quitter; j'estimais
tout simple qu'il fût à mes côtés. Pourtant,
je savais que les Allemands emmenaient
tous les hommes mobilisables, et Marcel,
réformé, était âgé de vingt-quatre ans.
Mais à ce moment, dans ma hâte d'inter-

venir, de m'opposer à tout désordre, je n'y pensais pas.

Devant l'ancien presbytère qui servait de mairie — en attendant le nouvel hôtel de ville, presque achevé, — cinq cavaliers en uniforme kaki, coiffés d'une toque recouverte de toile grise, montés sur de petits chevaux vifs, faisaient face à un groupe d'habitants paisibles, accourus par curiosité. Quatre soldats, déjà embarrassés d'un sabre et d'une carabine, tenaient par surcroît une lance. Le cinquième, un peu en avant d'eux, serrait dans sa main droite un revolver, en toisant les badauds. Comme il semblait être le chef, je m'approchai de lui.

— Qu'est-ce que vous demandez? dis-je.

L'officier, un sous-lieutenant de vingt-deux ans, petit homme blond, frénétique, bien pris dans son dolman, se tourna vivement vers moi.

— C'est vous, monsieur le maire? m'apostropha-t-il rudement.

Devant mon geste affirmatif, il parut

soudain assis sur une selle garnie d'ai-
guilles, tellement il gesticula. Et tout en
criant, jurant, il fixait sur moi ses yeux
gris et durs ; avec sa fine moustache, ses
lèvres méchantes, il avait l'air d'un chat
enragé.

— Dans votre ville, vociféra-t-il, règne
le plus grand désordre. On ne trouve pas
d'agents ; les brigadiers de police, toujours
à déjeuner. Je vais le dire à mon général.
Écoutez bien : 30 000 hommes me suivent.
Si des manifestations ont lieu, j'agirai ; je
ferai des exécutions.

Alors, de la foule, qui s'était tue jusque-
là, — elle avait pris, je le sus plus tard, les
cavaliers, à cause de leur uniforme kaki,
pour une patrouille anglaise, — partirent
des rumeurs, des protestations.

Furieux, le sous-lieutenant poussa son
cheval en avant, le revolver toujours bra-
qué sur les habitants. Ceux-ci résistèrent,
sifflant, grognant ; je craignis quelque malheur ; alors, je décidai d'intervenir. Pour
toute arme, j'avais mon parapluie à la

main; avec des gestes pacifiques, je demandai aux manifestants de se disperser, sinon de rentrer chez eux. Ils obéirent. Lestement, l'officier sauta sur le sol; mais à peine eut-il touché le pavé qu'il bondit, les mains tendues, attrapant à la gorge un des assistants.

— Il a voulu tirer sur moi avec son revolver! hurlait-il.

La victime, un ouvrier flamand, avait mis l'officier en joue, en riant, avec son poing fermé. Sous l'étreinte du soudard, l'homme étouffait déjà; enfin le lieutenant, desserrant les doigts, le fouilla, trouva dans une de ses poches des papiers d'identité qu'il feuilleta.

— Sale Belge! lança-t-il avec mépris.

Puis, revenant sur ses pas, par longues enjambées, il pénétra dans la mairie; mes collaborateurs se trouvaient dans la salle de l'état civil, le lieutenant passa devant eux, le revolver au poing; avisant sur une table une machine à écrire, il demanda :

— Qui se sert de cette machine?

Mon fils se présenta et le lieutenant dicta une proclamation, invitant la population au calme, annonçant l'arrivée de 30 000 hommes, et menaçant la ville et ses habitants des pires tortures si la moindre manifestation venait à se produire. Il relut, et signa : « Von Oppel. » Nous savions déjà le nom du lieutenant; nous n'allions pas tarder à le mieux connaître.

Ce petit lieutenant querelleur, bombant à tout propos sa poitrine, surgissant comme un diable de ses bottes molles, brutal, insolent, finissait par m'agacer. Maire de la cité, je devais donner l'exemple, faire preuve de calme, de maîtrise de soi; mais il m'en coûtait!

Je sentais une colère folle monter en moi, me crisper; aussi quand l'Allemand déclara :

— Je veux qu'on me donne à manger pour moi et mes hommes.

Je répondis sèchement :

— Il n'y a pas de restaurant dans la mairie.

Il répéta, frappant du pied, le revolver à la main :

— Je veux qu'on me donne à manger.

— Il y a un hôtel à côté, répondis-je.

Alors — à la pensée de manger, sans doute,—il se radoucit, tira ses moustaches et se penchant vers moi, dit avec le plus grand sérieux :

— N'ayez pas peur, je ne dirai rien à mon général.

Une fois dehors, von Oppel envoya ses hommes au débit de la *Justice de Paix*, adossé contre le presbytère, et se dirigea vers l'*Hôtel des Voyageurs*, le plus important établissement de la ville, où se célèbrent les noces, les banquets corporatifs et politiques. L'illustre compositeur Charpentier y prit place au milieu de nous, en mai 1913, lorsque fut couronnée la muse de Lens. A cette heure, combien la musique et la poésie étaient loin !

Brutalement, l'arme vissée dans son poing, von Oppel ouvrit la porte du café; mais s'il avait compté sur une entrée sensationnelle, l'effet était manqué. M. et Mme Thery, les hôteliers, restèrent à leur comptoir, mes collaborateurs s'assirent à leur table habituelle, commandant des chopes. Deux commis voyageurs, en train de manger, poursuivirent tranquillement leur repas, sans prêter aucune attention au singulier lieutenant.

Du café au lait, du pain et du beurre, voilà ce qu'exigea von Oppel; on les lui apporta. Debout, son revolver posé devant lui, il but et mangea avec une rapidité extraordinaire, avalant sans arrêt une gorgée de liquide après chaque bouchée. Trouvant subitement son café trop chaud, il saisit la chope de mon adjoint, M. Van Pelt, avala la bière d'un trait; celui-ci se récria :

— Vous n'êtes pas gêné, vous!

Mais le lieutenant avait déjà repris son bol de café au lait. Depuis quelques instants, il fixait, avec une étrange insistance, les commis voyageurs. Nous n'existions plus pour lui; seuls ces deux paisibles clients l'intéressaient. Tout d'un coup, après avoir posé d'abord son bol sur la table, von Oppel, saisissant son revolver, s'avança sur les mangeurs.

— Qui êtes-vous? Montrez-moi vos papiers! cria-t-il.

Terrorisés, tremblants, les hommes ouvrirent leurs portefeuilles : l'un d'eux exhiba son permis de conduire.

— Où est votre voiture? demanda von Oppel.

Elle se trouvait dans la cour de l'hôtel; le lieutenant voulut la voir immédiatement : il suivit le voyageur, l'arme levée : son absence fut courte, bientôt le forcené surgissait de nouveau dans la salle. Il nous fixa, se redressa et rouge, le poing tendu, cria :

— Je veux aller à Lille. J'irai. Je veux gagner la croix de fer.

Et fier comme un collégien, un fort en thème qui se rend à une distribution de prix, von Oppel sortit de l'hôtel en faisant claquer la porte derrière lui.

Les badauds que j'avais dispersés devant l'ancien presbytère, en agitant mon parapluie, étaient revenus se poster à l'entrée de l'*Hôtel des Voyageurs*. Von Oppel, arrogant, qui n'avait pas soufflé mot depuis son invocation à la croix de fer, s'écria soudain, comme s'il poursuivait une conversation commencée :

— Il me faudrait un chauffeur pour demain.

Un homme s'avança, un Luxembourgeois du nom de Van Kiel, marchand à l'abonnement, d'étoffes d'ameublement, dont les magasins s'élevaient rue de Lille. Je devinai tout de suite pour quelle lâche besogne le commerçant venait s'offrir ; mais, malgré mon mépris, je me gardai de la moindre réflexion.

— Moi, je sais conduire, dit Van Kiel.

— Je vous retiens ; cinq francs par jour.

L'affaire fut ainsi conclue, sans autre formalité. Von Oppel n'avait demandé ni le nom ni l'adresse de son nouveau serviteur ; il devait les connaître, sans aucun doute. Ce n'était point la nécessité qui forçait Van Kiel à jouer cet ignoble rôle. Il était l'un des plus riches commerçants de Lens, installé dans la ville depuis nombre d'années. Mais ce gros homme, en costume de cycliste, tour à tour insolent et cauteleux, selon ses intérêts, voulait, en même temps que rendre service aux Allemands, se venger par de faux rapports d'un maire qui n'avait cessé de poursuivre son commerce et de l'entraver.

Lorsque Van Kiel pénétrait dans la pauvre maison d'un mineur, la ruine le suivait; car l'ouvrier ne sortait plus de ses dettes, ni des saisies sur son salaire. A plusieurs reprises j'étais intervenu dans des transactions contre Van Kiel. Il s'en souvenait, ce jour-là.

Je résolus de me tenir sur mes gardes; d'ailleurs, Van Kiel devait payer cher sa trahison; il fut tué en de tragiques circonstances, par un obus.

Pour l'instant, von Oppel, feignant de l'ignorer, avait sauté dans la voiture du commis voyageur; sur son ordre, elle fila vers la route d'Arras, escortée des quatre cavaliers, gavés de café au lait et de marmelade.

Le restant de l'après-midi, je le passai avec mes collaborateurs à la mairie; la brusque apparition de ce lieutenant trépidant et famélique défraya naturellement nos conversations. Nous étions sans nouvelles des événements depuis quelques jours. Des bruits contradictoires circulaient. Pour les uns, nous tenions victorieusement tête à l'ennemi; pour les autres, il avançait, nous encerclait, stationnait aux portes de Lens. Pour ma part, je prévoyais l'arrivée des Allemands, et j'avais déjà préparé mon affiche, invitant la population au calme. Cet état d'esprit explique notre circonspection, notre prudence vis-à-vis de von Oppel.

Le soir, à neuf heures, je me rendais à à une réunion dans la salle du patronage, attenante au presbytère, pour l'organisation, par quartiers, de comités de secours, sans distinction de classes sociales, d'opinions ni de culte, lorsque devant moi une silhouette déhanchée, mouvante, surgit.

— Je reviens de Lille. J'ai accompli ce que je voulais. J'y retournerai demain. Je veux voir le préfet.

C'était von Oppel ; j'aurais voulu lui demander s'il rapportait de son incursion la croix de fer, mais il avait déjà disparu dans l'ombre.

Décidément, le séjour de Lens plaisait au lieutenant von Oppel ; le lendemain, il choisissait chez M. Leleu, l'épicier de la grande place, des jambons, des pâtés et des confitures ; mais comme la nourriture ne suffit point sans l'élégance, chez M. Lecomte, le marchand de confections, il prenait des pantalons de toile, des paires de bretelles. Le tout, naturellement, payé en bons de réquisitions.

Toujours pressé, il saisit ensuite les armes déposées par les Lensois et les fit porter sur des camions automobiles ; entre deux chargements, il sauta à la gorge d'un nommé Aubry, un garçon boucher qui, paraît-il, avait ri en le regardant. Deux jours plus tard, von Oppel allait tenter d'étrangler M. Trépont, le préfet du Nord. C'était chez lui un geste instinctif, un réflexe de brute, mais d'une brute qui aimait les bons cigares et portait au poignet une fine chaînette d'or.

Le « chauffeur » disparut avec son maître du mercredi au samedi ; ce jour-là, de bonne heure, l'auto de von Oppel s'arrêta devant la mairie ; seul, Van Kiel en descendit et vint frapper à la porte de mon cabinet.

Quand je vis entrer le traître, je serrai les poings, soulevé par le désir de le jeter dehors ; avec peine, je me contins pourtant.

— Que venez-vous chercher ici ?

— J'apporte une note signée du lieutenant von Oppel, fit-il avec assurance, et, comme s'il était convaincu à l'avance de mon acquiescement, le traître me fixait d'un regard amical. Il me tendit un papier, je le lus; c'était d'abord le total des journées qui lui étaient dues comme chauffeur, puis l'ordre de payer immédiatement à M. Van Kiel sur la caisse municipale la somme de 300 000 francs, montant de ses créances.

— Je ne paye pas cela, dis-je, repoussant le billet que le traître reprit sans hâte.

— J'abandonne mes journées à votre caisse de chômage, proposa le chauffeur d'un ton conciliant.

— Je ne paye rien, ajoutai-je d'une voix décidée.

— Vous refusez?

— Oui.

— Il y a la signature du lieutenant von Oppel.

— Je le vois bien.

— Alors, je vais le prévenir; il est en bas.

— Vous êtes libre.

A peine Van Kiel s'était-il retiré que von Oppel entrait en coup de vent dans mon bureau :

— Monsieur le maire, je veux qu'on exécute mes ordres.

— Ceux-là ne sont pas exécutables.

— Je veux être obéi.

— L'administration française, répliquai-je, ne fait pas de ces sortes d'affaires. Quant à moi, mes moyens personnels ne me permettent pas de vous être agréable.

— Je vais vous faire arrêter.

— Comme vous voudrez.

— Alors, cria-t-il, la ville de Lens devra verser demain une contribution de 500 000 francs !

Je pensai que c'était là une combinaison de Van Kiel : se faire payer ses créances par la municipalité. En tout cas, il avait mal calculé. Enfin, cette dernière exigence de von Oppel me semblait dépasser l'autorité d'un simple lieutenant, se fût-il cru la doublure de Bonaparte. Je répondis d'une façon dubitative, bien décidé à réclamer l'apostille du général.

— Nous verrons, dis-je.

L'ennemi sortit, sans plus insister.

Von Oppel avait annoncé l'arrivée prochaine de 30 000 hommes; ce maniaque irascible, maître dans l'art du bluff, voyait tout à travers sa folie des grandeurs; mais le jour même, vers une heure de l'après-midi, une trentaine d'officiers en automobile et 300 cavaliers apparurent dans Lens.

Je me trouvais alors à la mairie, où je restais en permanence de 5 heures du matin à 10 heures du soir — excepté pendant deux heures pour les repas; c'est là qu'un agent de police vint me chercher.

— Un officier vous demande à la gare, me dit-il.

Je m'y rendis sur-le-champ; un grand lieutenant fixait sans un mot une vingtaine d'hommes, employés et passants, qui s'étaient réfugiés dans la salle de distribution des billets. Parmi eux se trouvait M. Rosière, un jeune commissaire spécial.

— Monsieur le maire, questionna l'officier, ces hommes sont-ils mobilisables?

— Non, répondis-je tranquillement.

L'homme dirigea vers moi un doigt menaçant :

— Vous encourez une grave responsabilité, ajouta-t-il ; vous risquez d'être fusillé.

Mais je m'entêtai dans mon mensonge :

— Ces hommes ne sont pas mobilisables, répétai-je avec force.

Alors, le lieutenant, baissant le ton, ajouta :

— A Louvain, nous avons dû tirer sur les civils. Si vous avez quelque autorité, conseillez le calme.

Puis sa voix s'enfla, comme s'il déclamait :

— Notre empereur est à 30 kilomètres de Paris. Il va conquérir votre capitale.

Ensuite, il s'éloigna vers les hôpitaux pour faire prisonniers nos blessés évacués de Bapaume.

Ce n'était qu'une alerte ; le soir même, officiers et soldats repartaient, mais, le lendemain, ils étaient remplacés par 800 hommes d'infanterie, des vieux pour la plupart, qui salirent la ville de leurs hoquets, la troublèrent de leurs psaumes avinés, s'interrompant de chanter pour crier : « Pariss! Pariss! » Ils comptaient l'atteindre en deux étapes.

A 11 heures, une lourde automobile poussiéreuse s'arrêta devant la mairie; j'entendis un appel; je sortis. La portière de la voiture s'ouvrit brusquement, et près de moi sauta un officier d'état-major aux traits crispés de fureur. C'était toujours la même méthode d'intimidation; elle ne m'impressionnait guère.

— Le général est mécontent de voir tant de monde dans la rue, cria-t-il à mes oreilles.

Le général! C'était sûrement le guerrier dont me menaçait von Oppel; songeant à l'imposition de 500 000 francs du lieutenant, je m'avançai, prêt à défendre les finances de la ville.

— Il y a du monde, expliquai-je, parce que c'est la sortie de la messe.

Durement, l'Allemand me repoussa.

— Son Excellence, hurla-t-il, ne parle aux civils que par l'intermédiaire d'un officier.

Dans la voiture, j'avais entrevu un gros homme couvert de croix, au visage blême, renfrogné. Ordre me fut donné d'établir un barrage autour de l'*Hôtel des Voyageurs*, le général ne pouvant supporter le bruit. Son arrivée causa dans le café une véritable stupeur; les officiers déjà attablés durent faire disparaître les bouteilles de vins fins et boire de l'eau, à l'imitation de Son Excellence.

Le lundi 7 septembre, les troupes allemandes quittèrent Lens.

Nous avions assisté à la tragi-comédie de l'invasion; le drame s'apprêtait dans l'ombre, et quel drame! le plus long et le plus terrible qui se fût jamais déroulé sous les yeux des hommes!

II

UNE NUIT TRAGIQUE

Von Oppel, ses acolytes et leurs soldats avinés, chanteurs de psaumes, n'avaient, en partant, commis aucune déprédation. Un vol de 2 000 cigares, le rapt de neuf automobiles, l'inévitable rafle de litres de rhum et de bouteilles de vin ; combien ces méfaits de pillards comptaient peu, par comparaison avec les tortures infligées à d'autres villes ! Lens devait s'estimer heureuse ; comme maire, j'avais tout lieu de me réjouir (1). Pourtant, cette équipée

(1) Dans l'intervalle compris entre la première et la deuxième invasion allemande, un sérieux élan de bienfaisance réunit, dans la salle de la mairie, toutes les personnalités de la ville, quelles que fussent leurs opinions. Ce fut vraiment le règne de l'union sacrée. Le comité institué comprenait : M. Basly, député-

insolente, ces propos de reîtres injurieux, menaçants, avec leur revolver au poing, me laissèrent pendant quelques jours dans un état de tristesse, d'abattement, qui ressemblait à une secrète honte. Lens m'apparaissait marquée d'une ineffaçable souillure; Lens que j'administrais depuis seize ans, que j'aimais autant que mes enfants, à qui j'avais consacré mes meilleures forces; Lens que je rêvais sans cesse de transformer, d'embellir, avait

maire, président d'honneur; l'ex-maire, M. Courtin; M⁰ Taquet, notaire; M. Thellier de Poncheville, brasseur; M. Boulanger, entrepreneur; M. Regnier; inspecteur primaire, et le chanoine Ocre, curé de la cathédrale. On décida de faire un appel de fonds et de matériel pour la création d'un hôpital; tous les habitants, riches et pauvres, y répondirent. On recueillit des objets : lits, couvertures, vivres, etc., et une somme de quarante mille francs. Les locaux destinés à l'hôpital furent les écoles Campan et Michelet.

L'hôpital fut bientôt prêt à fonctionner, grâce au zèle, à l'intelligence, au dévouement du directeur-gestionnaire, M. Boulanger. Celui-ci, ménager ni de son temps, ni de son argent, aidé de ses employés et du personnel enseignant, transforma été salie, bafouée par la horde allemande.

J'eus l'impression que jamais plus je n'assisterais à la gaieté plantureuse de ses marchés, à cette joie bruyante, cordiale, que les galibots, hercheurs, ouvriers à la veine, apportaient dans ses cabarets, dans ses cinémas, dans nos réunions syndicales, comme si les hommes extrayaient des profondeurs de la mine, en même temps que le charbon, toutes les forces de la vie.

rapidement les salles de classes en dortoirs, réfectoires, etc. L'hôpital compta 100 lits, dans huit grandes salles. D'autre part, la Compagnie des Mines, qui venait justement d'achever la construction d'un hôpital pour ses ouvriers blessés, aménagea les salles, sous la haute direction de M. Reumeaux.

Il ne s'agissait plus que de recevoir les blessés; sitôt que les tristes rumeurs circulèrent sur la retraite de Charleroi et qu'on apprit les sanglantes batailles du sud d'Arras, de Bapaume et de Péronne, de courageux habitants : MM. Boulanger, Thellier de Poncheville, des employés de M. Reumeaux, allèrent en autos, à proximité des champs de bataille, chercher les blessés.

Le docteur Emery, mobilisé, assura le service chirurgical avec un zèle admirable.

Mais cette dépression morale que je n'avais pas encore connue dura peu. D'ailleurs, l'heure n'était pas aux rêveries. Chaque jour, chaque nuit, s'arrêtaient devant la mairie de lamentables troupeaux humains : femmes, vieillards, auxquels s'accrochaient des enfants affamés, portant des ballots, des sacs, poussant des brouettes chargées de hardes ; habitants de Denain, de Douai, qui fuyaient, fuyaient, n'importe où ; je les hébergeais et les mettais sur la bonne route, celle de Saint-Pol. A tous, je disais :

— Nos troupes approchent. Ne vous impatientez pas.

Les Français vinrent, en effet ; d'abord un escadron de goumiers, fiers, magnifiques, littéralement couverts de fleurs. Ils restèrent deux jours, puis se retirèrent pour raisons stratégiques. Le lendemain, 4 octobre, surgit une compagnie de cyclistes qui se battirent héroïquement le long du canal de Lens à la Deule. Le combat dura cinq heures.

En nous quittant, les vitriers crièrent en manière d'adieu :

— Nous reviendrons, nous reviendrons !

Le même jour, à trois heures, c'étaient les Allemands qui revenaient; mais j'avais pu faire partir mon fils à temps, avec les jeunes gens de son âge.

Je me trouvais — comme toujours — dans mon cabinet, attendant qu'on me réclamât, lorsque la haute taille de M. Tellier de Poncheville, brasseur à Sallaumines, apparut dans l'encadrement de la porte ouverte.

— Je suis venu, dit-il, avec un officier de uhlans; voici le mot qu'il m'a chargé de vous remettre.

Je cherchai tranquillement mon binocle et lus les lignes suivantes :

« Monsieur le maire,

« J'ai besoin de causer avec vous; si à 4 heures (heure française) vous n'êtes pas arrivé à Sallaumines, je ferai fusiller tous les prisonniers qui sont à ma disposition. »

Signature : (illisible).

J'empoignai à la hâte mon pardessus, comme si je prévoyais une longue absence, et sortis; je trouvai devant la mairie l'officier qui mit aussitôt son cheval au pas, et je pris place aux côtés de M. de Poncheville; il se trouvait, me raconta-t-il, précisément à Sallaumines, à deux kilomètres de Lens, quand les troupes allemandes avaient envahi le coron.

— Cette fois, me dit le brasseur, ils sont venus par milliers.

Le trajet fut parcouru en vingt minutes; l'officier avait accéléré l'allure de son cheval; M. de Poncheville pouvait mener le train avec ses longues jambes; j'avais peine à les suivre; de plus, mon pardessus me gênait; mais je me gardais bien de me plaindre; si je n'arrive pas à temps, pensais-je, je vais causer la mort de plusieurs hommes.

Enfin, nous atteignîmes Sallaumines; en apercevant les maisons du coron, si propres, si gaies avec leurs jardinets, je serrai les poings de fureur, instinctivement, je cherchai les femmes, les vieux qui les habitaient et dont je connaissais les noms, les visages. C'étaient d'anciens mineurs comme moi; nous avions porté à la même époque la barette (1) et le jupon (2). Mais ils devaient se cacher pour ne pas *les* voir. *Ils* étaient partout, dans les chemins noirs, dans les champs, autour de la fosse 13; cette masse humaine rongeait de sa lèpre grisâtre tout le paysage.

Me redressant, soucieux de ne pas montrer une attitude soumise, humiliée, je passai entre des rangées de soldats. Un colonel, gros homme à barbe rousse et que nul n'osait approcher, sanglé, botté, m'attendait les mains derrière le dos.

— Je vais vous faire fusiller! cria-t-il en

(1) Barette : chapeau de cuir du mineur.
(2) Jupon : blouse un peu longue.

m'apercevant. Vous avez fait tirer sur mes soldats. Ah! la culture française! Pas de civilisation!

Je le regardai tranquillement, sans l'interrompre; quand il eut terminé, je commençai :

— Si quelqu'un doit se plaindre, dis-je, c'est nous. Neuf de mes administrés ont été tués ce matin. La lutte a eu lieu entre soldats; les civils n'y sont pour rien.

Le colonel ne répliqua point; il appela un homme qui courut vers une maison, en rapporta une chaise. Je m'assis entre deux sentinelles appuyées sur leurs fusils chargés; M. de Poncheville se tint debout près de moi.

Le colonel s'était éloigné sur la route; au bout de quelques minutes, il revint vers moi, agitant une jumelle.

— Regardez ce clocher, fit-il.

A mon tour, je fixai le clocher de Lens avec sa lorgnette.

— Des Français sont là-haut, déclara le colonel.

J'avais, en effet, aperçu des silhouettes au sommet de la tour.

— S'il y a quelqu'un, dis-je, ce sont de vos soldats.

— Alors, vous ne distinguez pas?

— Non, répondis-je.

Il reprit sa jumelle et s'écria d'une voix furieuse :

— C'est bien ! Je vais vous dicter deux adresses que vous ferez afficher.

M. de Poncheville les rédigea sur son calepin ; la première menaçait la population d'une répression exemplaire à la moindre manifestation ; la seconde supprimait l'exercice du culte dans la ville, fermait les églises aux fidèles.

M. Tellier de Poncheville s'étant offert de les porter à la mairie, je restai sur ma chaise ; après une heure d'absence, le brasseur revint, m'apportant du chocolat et un litre de lait.

Mais je n'avais pas faim ; je pensais à l'inquiétude causée à la maison par mon absence, à l'angoisse de ma femme. De toutes façons, je devais attendre le bon plaisir du colonel. A neuf heures du soir, j'étais toujours sur ma chaise, lorsque sur la route s'avança un singulier cortège. Derrière une voiture de marchand de beurre suivaient une cinquantaine de civils, encadrés de uhlans. Le colonel, d'un signe, arrêta le convoi, me pria de monter dans la voiture; comme je m'asseyais sur la banquette, il m'annonça d'un ton énigmatique :

— On vous servira à manger là-bas.

Alors le véhicule s'ébranla, chemina dans la nuit, lentement, péniblement; son escorte me faisait songer au dernier voyage du condamné à mort, de la prison à l'échafaud.

La voiture avait pris la direction de Lens. Elle longea le canal, puis, par la route d'Arras, gagna successivement les communes d'Eleu et de la Coulotte. Je distinguais, par instants, des ombres à travers les champs; j'entendais des cris, des rires.

Enfin le convoi s'arrêta; je descendis et je ne sais par quelle bizarre association d'idées, en dépit du spectacle tragique qui surgissait à ma vue, je me rappelai soudain les paroles prévenantes du colonel :

— On vous servira à manger là-bas.

Maintenant j'apercevais la cause de ces rires, de ces cris.

Sous nos yeux, sur la route, cinq taches sombres s'étalaient, cinq corps étendus; un peu en avant d'eux, un mineur d'une quarantaine d'années, droit, résolu, les yeux fixes, contemplait ses assassins. Dix fusils chargés le tenaient en joue. Il attendait calme et fort; autour de lui, des soldats riaient, plaisantaient; on eût dit les visiteurs d'un jardin zoologique devant une cage.

Un sous-officier leva le bras, un fracas terrible déchira la nuit; l'homme tomba; les soldats tirèrent une seconde salve rageuse sur le cadavre de ce martyr obscur, inconnu.

Notre tour allait venir; les soldats, alléchés par le sang, s'impatientaient. Cependant pas un cri, pas une protestation ne monta de notre groupe; seul, un mineur algérien, un « tchouk-tchouk », gémissait : « Pas soldat, moi, pas soldat. »

Mais notre heure n'avait pas sonné.

On nous poussa à cinq cents mètres du lieu d'exécution, près d'une fosse servant à l'aération des autres puits de mine. Là, je partageai mon litre de lait avec le maire de Sallaumines, un ancien mineur, et le directeur d'école de cette même commune. Furieux sans doute de nous voir vivants — la comédie avait cessé trop tôt à leur gré — les soldats s'ingénièrent à nous provoquer, à nous tourmenter : injures, bousculades, coups de poing, toutes les taquineries leur semblaient bonnes contre des hommes désarmés, éreintés et mourant de faim. Par jeu, un soudard perça de son couteau mon chapeau de feutre.

Un jour livide se leva; nous aperçûmes des milliers d'hommes couchés à même la terre, et notre solitude, notre misère nous parurent plus lourdes que la veille. A cinq heures, un officier nous fouilla, exigeant des pièces d'identité. Lorsque le commissaire de Sallaumines montra ses papiers, l'officier le salua militairement. Par contre, d'un geste méprisant, il repoussa ma carte de député. Comme je lui demandais un laissez-passer pour rejoindre Lens, il me répondit :

— Ce n'est pas nécessaire : un vieux monsieur comme vous n'en a pas besoin.

Au hasard, avec dix-neuf autres prisonniers, — l'officier faisait des paquets de vingt, — je fus mis en liberté. Mes collaborateurs n'espéraient plus mon retour. Ma femme avait passé cette terrible nuit en compagnie de voisines obligeantes.

Ce jour-là, je restai couché jusqu'à onze heures du matin. Ce fut la seule fois de ma vie.

Au réveil, j'apprenais une terrible nouvelle : *ils* étaient en train de tuer la mine.

III

L'ASSASSINAT DE LA MINE

Tuer la mine! Était-ce possible? Je m'attendais à toutes les cruautés, à toutes les tortures; mais celle-là dépassait celles que j'avais imaginées. Déjà, par leur conduite dans la ville, je pouvais juger de la mentalité de ces goinfres, ivrognes et brutaux, qui dans chaque maison de bourgeois ou de pauvre mineur, raflaient tout, en commençant par la cave, rudoyant les femmes, les vieux et les infirmes, criant, sacrant, défonçant les portes à coups de crosse. Et les officiers laissaient faire, engourdis par les vins fins et la fumée des cigares.

C'étaient là les misères de la guerre, imposées, prévues. Mais tuer la mine ! Tarir la richesse du pays, le frapper dans ses entrailles, le condamner à mort sans appel, pareil supplice était-il concevable ? Ce n'était pas seulement comme représentant de la ville noire, comme mandataire du centre houiller que je me révoltais : mais n'étais-je pas, moi aussi, un fils de la mine ? Pendant dix-huit ans, j'étais descendu dans les puits, avec le boutelot à ma ceinture, ma rivelaine à la main, et je connaissais l'ivresse de ce travail personnel, acharné, où l'on se bat, semble-t-il, contre les forces mêmes de la terre.

Je courus chez M. Reumeaux, l'agent général de la Compagnie de Lens, universellement estimé, respecté de tous les mineurs, et qui, malgré ses soixante-dix-huit ans, a conservé l'entrain, la puissance de travail d'un jeune homme.

— On vous a dit la vérité, fit-il simplement, après m'avoir écouté.

Il avait déjà protesté, je me joignis à lui ; mais le bureau militaire allemand accueillit nos doléances par des injures, m'interdisant de sortir de la ville.

Et nous dûmes assister, impuissants, à l'inévitable.

Jusqu'à l'arrivée des Allemands, les carreaux de mines n'avaient pas cessé complètement leur exploitation. Les meilleurs ouvriers, rappelés à leurs dépôts par la déclaration de guerre, étaient partis, mais il restait les hommes non mobilisables, les enfants, les femmes qu'on utilisait tant bien que mal, au mieux de leurs aptitudes. Les minces filets de fumée, s'élevant des cheminées des fosses, avaient l'air de dire : « Nous restons, nous travaillons, nous entretenons le feu sacré en attendant le retour des piocheurs de charbon, ouvriers à la veine et coupeurs de murs. Grâce à nous, ils retrouveront la mine prospère, féconde, quand, le fusil déposé, ils reprendront la rivelaine. »

Mais l'invasion des barbares avait brutalement interrompu ce labeur déjà ralenti, diminué; dès qu'ils surgirent, un terrible silence, avant-coureur de la mort, pesa sur les fosses. Les magasins édifiés par les compagnies constituaient pour leurs troupes des casernes toutes prêtes; elles s'installèrent à Sallaumines, Hénin-Liétard, Liévin, etc., refusant aussitôt aux ouvriers, aux employés qui se présentèrent l'accès des puits.

— Personne ne doit plus pénétrer ici, dirent les officiers aux ravaleurs; nous voulons empêcher tout espionnage avec les Français.

Mais chaque fosse abritait au moins 60 chevaux, vivant à 250, 300, 500 mètres de profondeur; c'était un troupeau de 300 bêtes, murées dans le pays de l'ombre, qu'on ne pouvait abandonner.

— Laissez-nous les remonter, supplièrent les ouvriers.

— C'est impossible, répondirent les Allemands.

— Où ils sont, ils ne serviront plus à rien; ils vont mourir.

— Éloignez-vous, ou sans ça...

Sur un signe des chefs, une sentinelle approchait le fusil chargé ; devant pareilles menaces, les mineurs durent se retirer. Et 300 chevaux périrent de faim dans les ténèbres. Se représente-t-on les souffrances de ces malheureuses bêtes, d'abord hennissantes, piaffant sur place d'impatience ; puis torturées par la faim, courant dans un galop fou à travers les galeries, se heurtant à d'autres compagnons d'infortune, se battant entre elles désespérément dans la nuit, agonisant enfin au fond de ce caveau infernal !

Les Allemands avaient empuanti la mine par les odeurs de pourriture s'exhalant des trois cents chevaux morts ; mais bien que souillée, asphyxiée, elle pouvait renaître, vivre, produire encore ; il s'agissait de la tuer, de l'étouffer en bouchant les puits par lesquels elle aspirait l'air des hommes. Le plan satanique fut exécuté par des professionnels du meurtre. Les armes ne manquaient pas : dans les magasins, s'alignaient les bennes, wagonnets servant au transport du charbon ; les soldats s'en emparèrent, les précipitèrent dans les vastes orifices, béants comme des bouches avides. La mine cria, gémit avec de grandes plaintes métalliques, mais elle vivait toujours ; les puissances du feu continuaient à circuler dans ses vèines noires.

Alors les assassins revinrent à la charge, s'acharnèrent sur leur victime. La mine gisait sous leurs lourdes bottes, étranglée, aveuglée ; cette fois, ils la noyèrent. A coups de grenades lancées dans les cuvelages, ils inondèrent les galeries, les puits d'une même fosse, et lentement l'eau monta, monta. Toute résistance était devenue impossible, la mine envahie, submergée, finit par se rendre, par mourir.

En quelques heures, le labeur de plusieurs générations avait été anéanti. Mais que mes frères de la mine ne désespèrent point ; ils retrouveront un jour leurs lampes aux mêmes endroits où ils les ont laissées. Je leur en donne ici solennellement l'assurance.

Mais un nouveau malheur guettait ma pauvre cité de Lens.

A la suite de l'apparition de von Oppel, ce jeune aventurier, demi-fou, intoxiqué par la lecture des romans policiers, qui sautait à la gorge des gens comme un dogue furieux, des habitants de Lens avaient quitté la ville. Pendant la période qui s'écoula entre les deux invasions, un certain nombre d'entre eux se mêlèrent à l'exode qui prit le chemin de Saint-Pol. Le matin du 4 octobre, en pleine bataille, le long du canal, sous les sifflements des balles, de nombreuses familles partirent. Cette constatation n'implique de ma part aucun reproche ; lorsque je songe à toutes les tribulations qui nous attendaient, — mon devoir était de rester, — je suis bien près de les féliciter. Le 4 octobre, sur les 35 000 habitants de Lens, il en restait 18 000 au plus, qui subirent les malheurs de la captivité.

Mais il y avait deux hommes que je voulais conserver à tout prix : c'étaient les frères Deligne, les propriétaires d'un moulin à vapeur qui fournissait, une fois par semaine, aux boulangers, la quantité de farine nécessaire à la fabrication du pain.

Le matin du 4 octobre, j'allai moi-même au moulin — il touchait presque la mairie — pour m'assurer de la présence des meuniers. L'aîné était déjà parti ; l'autre s'apprêtait à sortir en compagnie de sa femme.

— Vous ne nous quittez pas ? lui dis-je.

Il me répondit :

— Je vais porter mon argent à Liévin.

J'attendis en vain son retour ; m'étant rendu de nouveau au moulin, je vis que les pièces principales de la machine à vapeur avaient été enlevées. Impossible, désormais, de moudre le grain. Immédiatement j'eus la vision de la population ouvrière affamée, et ce triste événement survenait précisément le jour où les Allemands surgissaient pour la seconde fois. Tragique coïncidence !

IV

L'ARMÉE DES MOULINS A CAFÉ

La question était pressante : j'aurais voulu m'en occuper immédiatement, mais les événements me forcèrent à l'ajourner, les Allemands m'ayant gardé cinq heures sur une chaise pour faire suivre ce repos, — on s'en souvient, — d'une nuit plutôt mouvementée. Hélas! je ne m'étais pas trompé; dans l'après-midi du lendemain, des femmes de mineurs se présentèrent à la mairie, les mains et l'estomac vides : la ville manquait de pain. Elles n'entraient pas en gesticulant, criant, les poings tendus; dignes, simples, devinant mon émotion, — je m'efforçais de mon mieux de la dissimuler, — elles désiraient simplement savoir quand les boulangers rouvriraient leurs portes.

— Ce n'est pas le blé qui manque, leur expliquai-je. J'en avais accumulé de fortes provisions; mais c'est le moulin à vapeur qui ne fonctionne plus. Il faut attendre la fin des opérations.

Elles allaient partir, sans un mot de reproche, comme elles' étaient venues, lorsqu'une idée me traversa soudain l'esprit.

— Si je vous demandais de moudre mon blé? Y consentiriez-vous?

— Oui, bien sûr, répondirent-elles ensemble.

— Mais je ne pourrai pas payer votre travail.

— Cela ne fait rien, dit tout haut l'une d'elles, et toutes approuvèrent.

— Eh bien, chacune de vous apportera sa chaise et son moulin à café. Je vous installerai dans une des salles du moulin.

Ce projet, qui les arrachait pour un instant à leurs tristes logis, les amusa; elles promirent, mais j'attendais de les voir à l'œuvre.

Elles sortirent en riant, heureuses à la pensée d'être utiles, et je rédigeai aussitôt un ordre de réquisition enjoignant à tous les épiciers de la ville de dévisser les gros moulins à café fixés à leurs comptoirs et de les apporter avec des vis et des tournevis, dans une des salles du moulin des frères Deligne.

La quantité de farine qui devait être obtenue par ce procédé primitif dépendait du nombre de femmes consentant à travailler; de toutes façons, elle ne pouvait être suffisante.

Cette fois encore, j'allai trouver M. Reumeaux, auprès de qui j'étais toujours sûr de trouver un conseil éclairé, une aide efficace. Il m'écouta, sourit de mon initiative, puis, après avoir réfléchi un instant, me dit :

— Puisque les femmes des corons se mettent à l'œuvre, mes chevaux peuvent bien suivre l'exemple.

Sur-le-champ, il donna l'ordre d'utiliser les concasseurs de la compagnie, énormes meules tournées par des chevaux et qui servaient à moudre l'orge et les lentilles à l'usage du bétail. Enfin, par dernière mesure de sécurité, je m'adressai au moulin d'Harnes pour parfaire l'appoint de ma provision indispensable.

Ces démarches une fois faites, je me dirigeai, un peu sceptique, je l'avoue, vers le moulin à vapeur. Cependant, d'assez loin, un ronron criard assourdissait, déchirait les oreilles. C'était de bon augure. Pénétrant dans une des vastes salles, un spectacle curieux, inattendu, dissipa soudain toutes mes angoisses. Actives, silencieuses, plus de quatre cents femmes des corons, assises sur des chaises — à elles — serraient entre les genoux le moulin à café familial, et les bras tournaient, tournaient, et les visages se crispaient, rouges, empourprés par l'effort. Des larmes de sueur coulaient sur les joues ridées des vieilles. Les plus robustes tournaient les gros moulins vissés sur des tables; l'on eût dit qu'elles pompaient de l'eau, à la hâte, pour un parent à demi mort de soif.

Et pendant un mois et demi, tout le temps que durèrent les réparations de la machine, les quatre cents femmes vinrent moudre le blé, ponctuellement, sans manquer un seul jour. Elles gagnaient non seulement leur pain quotidien, mais encore celui de tous les Lensois. Il fallait par jour 15 à 16 sacs de farine pour fournir du pain à toute la ville; l'armée des moulins à café m'en donna 7; les chevaux de M. Reumeaux, le même nombre; le reste me fut apporté par Harnes. Et Lens put manger du pain.

Tant de labeur, tant de courage méritaient d'être récompensés. Mais comment faire? Par quels moyens? Que de citations à l'ordre du jour seraient à décerner parmi les humbles femmes de nos corons! Je ne pouvais, en temps de guerre, frapper trop fort à la caisse municipale. D'ailleurs, elles eussent refusé un salaire. Pendant une semaine, je cherchai une solution ; enfin, je la trouvai. Chaque jour, des chevaux de uhlans tombaient dans les rues, blessés ou tués par des éclats d'obus. On m'avait donné l'ordre d'enfouir les victimes dans la campagne. Bêtes vigoureuses, bien portantes, leur viande saine ne servait à personne, les Allemands trouvant indigne de leurs estomacs délicats cette nourriture hippophagique. Sans avertir la Place, je fis transporter les animaux à l'abattoir ; là, un boucher dépeça des morceaux que j'offris à mes meunières comme on distribue, dans les écoles, des bons points aux petites filles modèles.

V

En voyant s'aligner chaque jour, avec une régularité mathématique, les sacs de farine dans une des salles du moulin, je fus en partie rassuré sur le sort de la population ouvrière. Pour elle, le problème du pain se posait avec une acuité, une nécessité vraiment terribles. D'humeur indépendante, aimant la vie large, facile, le mineur, en temps de paix, dépensait sans trop compter; avec ce qu'il gagnait, il améliorait son bien-être, embellissait sa maison, courait les combats de coqs, entretenait sa folie colombophile et puis, chez lui, la nichée était nombreuse. C'est par centaines que se pressent dans les corons les petites têtes blondes ou brunes.

L'homme parti, le tiroir du buffet restait vide ; autour des tables, des menottes enfantines quémandaient du pain, et les mères regardaient avec effroi filer chez le boulanger les dernières piécettes blanches. Que leur réservait l'avenir ?

Leurs angoisses, leurs peines, elles venaient me les conter à la mairie. Il fallait trouver quelque chose, les rassurer... Alors, je décidai de créer le service municipal, élaboré tant de fois dans mes songes socialistes, et que la guerre, décevante ironie, me forçait à réaliser : j'organisai le pain gratuit. La tâche était d'ailleurs aisée. Je possédais des réserves de blé, j'avais assuré la production de la farine ; les cartes de pain furent promptement établies. Je remis mes sacs aux boulangers en leur payant 9 francs par 100 kilos de fabrication : eux, de leur côté, s'engagèrent à porter le pain dans les écoles Campan et Carnot, où devaient se rendre les titulaires des cartes ; plus tard, les cinq boulangeries de Lens — une seule, payante, resta

chez elle — s'installèrent dans la vaste
salle de l'Alcazar. M. Dumont, conseiller
municipal, ancien boulanger à Paris, qui
connaissait les tours et les détours du métier, dirigea notre administration avec
autorité. Et ce furent les institutrices qui
se chargèrent de la distribution. Les enfants revenaient vers elles pour recevoir
les grosses miches nourrissantes. Le pain
du corps, après le pain de l'esprit; n'était-
ce pas pour les maîtresses à peu près le
même rôle?

Mais je ne peux songer à l'une de ces
miches sans voir étalée sur sa croûte dorée
une large flaque de sang. Dans chaque
maison, un ou plusieurs hôtes indésirables
s'étaient installés, pillards, grossiers et
bâfreurs, qui dénichaient les bouteilles,
souillaient le linge, criaient et menaçaient,
tour à tour cafards et cyniques, avec des
politesses d'ogres. Pourtant, il fallait
accepter cette présence, subir ce contact.
Déjà les vins secrètement conservés pour
la victoire les avaient fait loucher; sur les

pains, ils braquèrent leurs yeux humides, comme lavés de bière. Aussi les femmes des corons, les ouvriers étaient-ils obligés de cacher le pain, de le défendre contre les mains rapaces.

Sous chaque toit, des discussions surgirent, un dramé était fatal.

Dans une pauvre maison de Lens, un soudard, ayant aperçu la miche rapportée par un des enfants, bouscula le porteur, s'empara du pain. A ce moment, le père rentrait; il exigea que l'Allemand rendît ce qu'il venait de voler. Les mioches n'avaient rien d'autre à manger ce jour-là; tandis que l'étranger, comme soldat, avait reçu du ravitaillement sa part réglementaire.

L'ouvrier cria-t-il trop fort, menaça-t-il le voleur? En tout cas, ce dernier s'éclipsa puis revint avec deux camarades, et le père de famille, obligé de les suivre, fut conduit sous bonne garde vers l'*Hôtel des Voyageurs*.

Là, des officiers d'état-major achevaient

un déjeuner copieusement arrosé; chacun d'eux avait déploré, avec une sévérité de moraliste, le grossier matérialisme des Français, lui opposant le pur idéalisme germanique, mais la fin du repas traînait un peu. Précisément, l'arrivée de cet ouvrier véhément, farouche, se débattant entre des soldats, allait les divertir. C'était une véritable aubaine, quelque chose comme un orchestre de tziganes dans un souper fin.

Les soldats saluèrent, se plaignirent, désignant du doigt, du regard l'accusé; celui-ci, redevenu calme, maître de ses paroles, s'expliqua : s'il avait laissé faire le soldat, ses petits n'eussent pas mangé.

Alors les officiers haussèrent les épaules. Cette histoire de pain, d'enfant, était assommante. Ils espéraient quelque récit affriolant, graveleux. Pourquoi, diable, ce Français était-il venu les déranger? Comment avait-il osé? Tout cela pour un pain; ils en jetaient à la rue tous les jours; ils en piétinaient des morceaux, en ce moment, sous leurs semelles boueuses.

Mais, pour le principe, une sentence devait être rendue, et le chef du mess, regardant les soldats, leva les mains dans un geste vague qui signifiait :

— Faites-en ce que vous voudrez.

Et les soldats allemands empoignèrent l'homme, le poussèrent dans le petit jardin d'une maison abandonnée et l'abattirent.

Je ne connus le crime que deux mois après.

VI

JE ME FAIS ÉPICIER

J'étais déjà meunier, boulanger; pourquoi ne m'établirais-je pas épicier? d'autant plus que je connaissais déjà la profession. En 1911, lors d'une crise de vie chère à Lens, les femmes des corons, irritées contre la hausse des prix, étant descendues en masse, prêtes à envahir le marché, à passer sur les denrées la fureur qu'elles témoignaient à leurs détenteurs, j'avais saisi et vendu séance tenante les marchandises en litige, dans la cour de la mairie. Je possédais la longue blouse blanche et la petite calotte noire, insignes de la corporation; je n'eus qu'à revêtir la première, à me coiffer de la seconde.

Comme boutique — il s'agissait d'un

essai — je choisis la loge du concierge de la mairie, M. Cuvillon, qui, préposé aux balances, passa bien vite maître dans l'art de peser les denrées. Sa fille, Mme Salon, petite femme brune, dégourdie, toujours gaie, l'âme même de notre maison de commerce, recevait l'argent, faisait les comptes, causait, riait, plaisantait ou sermonnait les clientes. C'est dans la compagnie de ces deux collaborateurs fidèles, derrière des piles de carottes ou de choux, ou bien entre deux ballots de café, que je recevais mes visiteurs. La salle de l'épicerie devint le vrai cabinet du maire ; quand on me demandait un entretien confidentiel, je sortais dans le couloir ou j'allais m'enfermer dans une autre pièce du logement de M. Cuvillon, qui ne voyait rien, toujours penché sur ses poids.

Souvent des cris gutturaux, des coups de talon retentissaient. Leclerc, mon appariteur, m'appelait ; alors, je me dirigeais sans hâte vers mon bureau, encombré d'officiers allemands insolents et quémandeurs.

Était-ce parce qu'il m'avait aimablement ravitaillé de chocolat et de lait sur la route de Sallaumines, avant ma course à l'exécution, que j'acceptai les offres de M. de Poncheville? En tout cas, je n'eus qu'à m'en louer. Serviable, distingué, il était beaucoup mieux vu des autorités allemandes que moi, l'affreux socialiste. Celles-ci, affolées de titres, l'appelaient respectueusement M. le comte. Il fallait profiter de ces bonnes dispositions, qui pouvaient d'ailleurs changer d'une minute à l'autre; et puis le brasseur possédait une automobile qui nous apporta de Douai, chaque semaine, du beurre à bon compte et d'excellents fromages. D'ailleurs, M. Tellier de Poncheville devait nous rendre bientôt d'autres signalés services, en s'improvisant cocher de voiture d'enterrement, croque-mort et maître de cérémonie.

Si tous les quatre, le concierge, sa fille, M. Tellier de Poncheville et moi, étions un peu « jeunes » dans le métier, nous avions auprès de nous l'expérience d'un commer-

çant de Liévin, actif, dévoué, d'une conscience proverbiale, M. Goulet, qui nous
ravitaillait en sucre, en ballots de café,
de chicorée, etc. L'épicerie était ouverte
de huit heures à onze heures et demie et
de deux à cinq heures; il nous vint plus de
quatre cents clientes par jour.

J'étais persuadé, avec tous les Lensois,
que dans quelques semaines, quelques
mois au plus tard, nous serions délivrés :
la victoire ne veillait-elle pas à nos portes,
ne guettait-elle pas une occasion pour bon-
dir dans la ville, ses larges ailes éployées !
Mais si j'avais été sujet au pessimisme, le
seul fait d'assister aux conversations des
femmes, dans notre petite boutique, m'eût
aussitôt redonné de l'espoir, du courage.
Quelles que fussent les taquineries, les
méchancetés des Allemands, des « Prussiens » installés chez elles, dans une promiscuité offensante; en dépit de leurs
vantardises, des terribles nouvelles col-
portées par eux, exagérées à dessein, jamais, à aucune minute, les ménagères ne

perdirent leur entrain. A l'épicerie, on
était entre nous; là, elles se vengeaient
de leurs bourreaux par des remarques
drôles, salées souvent, qui déridaient les
fronts assombris, forçant le rire.

Mme Salon prenait un malin plaisir à
les exciter, à délier ces langues alertes,
bien pendues, qui marchaient et mordaient
avec une verve plaisante.

A combien d'entretiens comiques ai-je
assisté !

— Croyez-vous, dit un jour une cribleuse, un bout de femme noire et sèche
aux yeux rieurs, que mon Prussien s'est
approché de moi quand je balayais, en me
disant : « Cholies bedides vâmes vrançaisses, cholies! » — « A bas les pattes! »
que je lui ai répondu.

— Et qu'est-ce qu'il a fait? demanda
Mme Salon.

— Il a continué ses manigances, reprit
la femme; alors, je lui ai dit : « Si c'est le
balai que vous voulez pour balayer le trottoir, ne vous gênez pas! »

— Il s'en est tenu là? reprit la questionneuse.

— Non. Il s'est avancé plus près; alors, pour lui montrer ce que sont les « cholies bedides vâmes vrançaisses », je lui ai mis le balai dans la figure.

Il fallait voir la petite cribleuse imitant le Prussien apoplectique, roulant ses yeux, tortillant sa bouche : c'était un spectacle irrésistible. Du reste, elle paya son coup de balai; le lendemain, sa victime l'ayant dénoncée, elle fut punie d'une forte amende et menacée du conseil de guerre; mais on n'avait pas pu emprisonner sa bonne humeur.

Pour venir jusqu'à l'épicerie, les acheteuses avaient dû fort souvent s'arrêter en chemin, se réfugier dans une cave, ou courir sous la pluie des débris éparpillés, car les rues tremblaient sous le vol sinistre des obus, mais elles n'y prêtaient point attention; c'étaient déjà des incidents familiers qui ne parvenaient plus à les émouvoir. Toutefois, ce calme, cette gaieté dans la tourmente faisaient place à la colère, à l'exaspération quand on citait devant elles le nom d'un habitant trop ami de sa propre quiétude, cherchant avant tout, par son humeur pacifique, à ne pas s'attirer d'histoires. Avec quel mépris désignaient-elles du doigt les ouvriers travaillant pour le compte de la kommandantur, payés du reste par la mairie; cependant, beaucoup de ces malheureux n'avaient pu s'y soustraire. Il était difficile de raisonner avec elles sur ce point. Vives, promptes, mais cédant à toutes les impulsions de leur cœur, elles étaient remarquables de bonté, d'obligeance les unes envers les autres. En partant à la guerre, les mineurs leur avaient laissé leurs meilleures vertus professionnelles.

Mais l'épicerie ne possédait pas comme clientes les seules habitantes de la ville; un certain nombre nous arrivaient des corons situés aux portes de Lens, à quatre et cinq kilomètres.

Or, parmi celles-ci, se trouvaient des

femmes de soixante ans et plus, chargées
de sacs, de paniers; quelques-unes venues
avec une brouette, destinée à transporter,
en même temps que leurs provisions, celles
de plusieurs voisines. Quelles figures inou-
bliables! Ridés, balafrés de mèches grises,
leurs fronts avaient un air entêté, volontaire; entre leurs paupières alourdies luisaient des regards fiévreux, d'un insoutenable éclat. Leurs châles, leurs vêtements
humides collaient à leurs maigres échines,
la boue souillait leurs pauvres cottes; mais
de ces corps taraudés par le travail, défor-
més par la maternité, rayonnaient un courage, une vaillance impressionnants. Si le
sculpteur Constantin Meunier, le poète des
villes noires, les avait connues, il eût mis
à la place d'honneur, à côté de ses piocheurs de charbon, les ravitailleuses de
première ligne, car ces vieilles femmes
arrivaient directement du champ de bataille. Leurs demeures se dressaient sur la
ligne de feu, en avant des tranchées allemandes. De leurs fenêtres, elles pouvaient

distinguer les capotes bleu horizon des nôtres, des leurs.

Elles qui, pendant tant d'années, avaient rêvé de longs repas dans un jardinet fleuri, à côté d'un chat familier, à l'ombre d'un tilleul odorant, vivaient leurs derniers jours dans un monde infernal de bruits, de clameurs, de gémissements... Les obus, les balles éclataient, sifflaient autour d'elles presque sans arrêt.

Mais elles s'estimaient plus heureuses que les autres, les autres qui ne voyaient rien! Ne seraient-elles pas les premières délivrées? Une légère avance chez les Français, un bond heureux, et les mains noueuses touchaient la patrie retrouvée, reconquise. Tapies dans leur cave, elles en sortaient pour recueillir des petits quand un obus tuait la mère, veiller une voisine atteinte par une des balles qui mettaient autour des corons des bourdonnements d'abeilles.

Elles ne quittaient la cité que pour se rendre à Lens, faire des achats à l'épicerie. N'était-ce pas leur rôle? Que leur importait la mort? Les vieux ne sont-ils pas partout des meubles inutiles? Elles prenaient soigneusement les commandes.; puis, profitant d'une accalmie, traversaient le champ de bataille, menacées des deux côtés, passant les tranchées allemandes à l'aide d'une planche posée sur les parois. Le pont une fois franchi, elles cheminaient tranquillement vers Lens.

C'était cette bravoure si simple, si modeste que nous lisions dans leurs yeux, que nous devinions dans leurs attitudes. Vieilles ravitailleuses des corons, nul romancier, nul poète ne célébrera votre héroïsme! Quand vous entriez dans notre épicerie, quelque chose de sublime, d'épique émanait de vous. Dès que vous apparaissiez, les langues les plus loquaces se taisaient pour un instant. Aux colloques joyeux, pimentés des commères, succédaient vos phrases graves, résignées, qui nous secouaient de frissons. Combien de fois ai-je entendu ce dialogue :

— Eh bien, on ne voit plus votre voisine de la fosse 9 ?

— Elle a été tuée hier.

C'étaient aussi d'autres malheurs que vous annonciez simplement, sans commentaires : un enfant coupé en deux par un obus, toute une maisonnée enfouie, disparue dans un éclatement, comme par une trappe.

Parfois, l'une d'entre vous, sitôt la porte poussée, se dirigeait vers moi et d'une voix peureuse murmurait :

— Monsieur le maire, voulez-vous me remplacer les provisions que j'ai prises hier? Un obus a démoli mon panier et tout avec.

Ah! je n'avais qu'à vous regarder : vos yeux clairs disaient la vérité.

Je remplaçais à la hâte vos provisions, et c'est moi, la gorge serrée, qui, tout bas, vous disais merci.

VII

LE PILLAGE DE LENS

J'aurais voulu toute la journée rester
dans notre épicerie, non pas que débiter
du café, du sucre, vendre des fromages,
des conserves, devînt chez moi une passion, mais j'échappais ainsi dans la mesure
du possible aux irruptions des officiers
allemands dans mon cabinet. Vingt, trente
fois par après-midi, je le trouvais envahi
de capitaines, lieutenants, sous-officiers,
logés à Lens ou dans les environs, à Liévin, Hénin-Liétard, Avion, etc. Tous
accouraient, tels des chiens à la curée
quand on a sonné l'hallali. Brandissant
des bons de réquisition signés des kommandanturs locales, criant, jurant, menaçant, ils me réclamaient de l'alcool, des

avoines, des souliers, des costumes, des gilets de flanelle, des montres, etc. Ils avaient besoin de tout; un grand diable, empestant le cosmétique, venu exprès de Bapaume, exigeait une mandoline; plusieurs sous-lieutenants, joliment frisés, désiraient des fixe-moustaches. A tous j'opposais des refus, disant que les boutiques ouvertes avaient été vidées par leurs prédécesseurs; que pour les autres, restées fermées, les propriétaires étant absents, nul ne pouvait pénétrer chez eux.

Alors, d'une main furieuse, ils reprenaient leurs bons, faisaient claquer la porte et sautaient dans les autos — encore des réquisitions — qui trépidaient devant la mairie.

Je savais ce qu'ils comptaient faire, mais pouvais-je les empêcher? A certains moments, cependant, je quittais brusquement mon cabinet et m'en allais dans les rues pour voir jusqu'où pouvaient être poussés le brigandage et le goût de la destruction. Les spectacles qui s'offrirent

alors à mes yeux dépassèrent en brutalité,
en stupéfiante bêtise, tout ce qu'il est possible d'imaginer. Je pensais assister au sac
méthodique d'une ville, à son pillage ra-
tionnel avec des classements d'objets par
catégories, des estimations, des totalisa-
tions de prix, des étiquetages, des aligne-
ments de chiffres, selon les dernières
recettes commerciales allemandes. Je vis,
au contraire, courir à l'assaut des boutiques des saboteurs stupides, des sauvages
frénétiques, cassant, démolissant au hasard
sans ordre, sans motif, par manie, pour le
plaisir, pour rien.

Cependant, pensais-je, ces hommes,
dans la paix, gagnaient leur vie; c'étaient
des ouvriers, des commerçants patients,
habiles. Comment pouvaient-ils agir ainsi?
Cela ne les irritait donc pas de voir du travail gâché, détruit? Le sang battait à mes
tempes; je me retenais pour ne pas leur
crier mon dégoût, ma révolte. J'entrais
derrière eux dans les boutiques, pour leur
faire honte; ils éclataient de rire; alors,

désolé, impuissant, je me contentais de noter leurs déprédations, afin d'envoyer à la nuit des agents de la mairie pour recueillir, classer, ce qui pouvait être sauvé.

Les soudards se ruant dans les magasins de chaussures, de lingerie, choisissaient des souliers, des chemises, à [la hâte, et, sitôt leur part prélevée, déchiraient le reste des marchandises, saccageaient le logis, jetant au ruisseau tout ce qu'ils ne voulaient point emporter. Dans la rue de Lille et boulevard des Écoles, des bijoux, des cigares, de la verrerie furent lancés sur la chaussée. C'était à la fois répugnant et pitoyable. Devant moi, un officier arracha des mains d'un ouvrier une tige de fonte, s'en servit pour exercer une pesée sur la devanture d'une épicerie : la porte ayant cédé, le chef entra, suivi de ses hommes et là, à coups de marteau, il se mit à défoncer les boîtes de conserves, dédaignant celles qui contenaient des légumes, des fruits, tirant avec ses doigts la viande des boîtes de pâtés pour la happer avec une avidité baveuse de dogue affamé. Naturellement ses soldats l'imitèrent.

J'avais le cœur navré. Lens était la ville commerçante de la région; c'était chez elle que l'on venait naguère des communes environnantes, quand il s'agissait de monter un modeste ménage de mineur, d'acheter quelque parure de fête. Deux jours par semaine, aux marchés, circulait sur les trottoirs, propres, lavés chaque matin à grande eau, et le long des coquettes boutiques, une foule animée, joyeuse : les amoureux se donnaient rendez-vous dans les rues écartées, à l'entour d'une chope. Un vrai bonheur de vivre brillait alors dans les yeux des passants, sur le seuil des maisons... Et maintenant!... Quelle atmosphère de désastre!

Les personnes que leurs affaires avaient appelées au dehors rentraient précipitamment chez elles, espérant par leur présence atténuer la malignité de ces sauvages, leur rappeler qu'ils avaient aussi un foyer, des parents, des sœurs attendant des absents, pleurant des morts. Mais aucune considération ne les arrêtait.

Souillant les tapis, maculant les planchers de leurs lourdes bottes, ils ouvraient d'une main brutale les armoires, prenant tout ce qui leur semblait bon : linge, couverts. Dans les demeures bourgeoises, les officiers, installés dans les meilleures pièces, reléguaient les maîtres dans les dépendances, sous les combles. De leur côté, dans les maisons plus modestes, les soldats se livraient aux pires excès. Aucune protestation n'était admise.

Deux lieutenants, s'introduisant dans une vaste habitation silencieuse, aux rideaux tirés — la propriétaire, Mme Gevart, avait été enterrée la veille — aperçurent des bandes de papier, marquées d'un cachet, sur certains meubles.

— Qu'a-t-on mis là? demanda l'un des Allemands.

Le gardien des scellés expliqua la formalité exigée par la transmission de l'héritage ; mais l'officier ne le laissa pas achever.

— Alors, vous n'avez pas confiance en nous! s'écria-t-il.

Et, levant son sabre, il fit sauter les scellés, ouvrit brutalement les meubles et piétina les papiers.

La mort, la veille, avait passé par là.

D'aussi nobles efforts ayant assoiffé nos vertueux idéalistes, la chasse aux bouteilles commença. Ces guerriers possédaient vraiment la meilleure des stratégies pour cerner une cave, rafler des prisonnières aux casques d'or ou d'argent, dont les plaques d'identité portaient des noms de crus fameux, authentiques. De ma vie, je n'avais jamais rencontré gens à ce point altérés. Dix officiers surgissant chez moi burent, de neuf heures à minuit, toute la cargaison qu'ils avaient apportée : quatorze bouteilles de champagne, douze de bordeaux, huit de bourgogne. Les victimes restées sur la table me permirent d'établir le compte. Ces buveurs insatiables survenaient chez les habitants à toute heure du jour et de la nuit, exigeant la visite des caves —] qu'ils vidaient. Je déposai une plainte contre tous ces vols et pillages, par une lettre motivée adressée au commandant de place.

Je ne reçus aucune réponse; la razzia des magasins continua. Cependant, une affiche posée sur les murs interdit. à l'avenir, d'enlever les vins sans bons de réquisition. Le vol était maintenant sanctionné par l'administration militaire. Les officiers présentèrent, en effet, des bons rédigés en allemand, mais, profitant de l'ignorance des particuliers, ils exigèrent d'eux des quantités trois et quatre fois supérieures aux chiffres marqués. Partout régnait la gabegie la plus effrontée.

VIII

J'étais naïf! Lorsqu'il m'arrivait de
penser à von Oppel, à ses effets de torse,
à ses accès de fureur, je me disais : après
tout, son équipée légendaire s'est résumée
en de menus larcins : vols de bretelles, de
pantalons et de cigares; ce n'était qu'un
cambrioleur irritable; pour cette fameuse
contribution de guerre de 500 000 francs,
dont il nous menaçait, il n'avait même pas
insisté, son général non plus. D'ailleurs,
voyant les Allemands à l'œuvre, ils me semblaient surtout désireux d'emplir leur
ventre bien plutôt que leur caisse. Crier,
bâfrer, piller, telles étaient leurs occu-
pations préférées. A quoi l'argent leur
eût-il servi, puisqu'ils pouvaient s'appro-

visionner de tout, sans bourse délier?

Lorsque des amis me posaient cette question :

— S'ils vous réclament la forte somme, que ferez-vous?

— Je refuserai, répondais-je d'une voix ferme.

Ma décision à ce sujet était prise. Responsable des deniers publics, je ne pouvais en disposer que pour l'embellissement de la ville et le bien-être de ses habitants.

Or, un matin, un officier d'état-major s'annonça bruyamment, son grand sabre brinqueballant entre ses jambes; j'étais précisément occupé, dans l'épicerie, à vendre mes produits aux ménagères. Leclerc m'ayant appelé, je quittai la boutique et pénétrai dans mon cabinet, affublé de ma blouse blanche, coiffé de ma toque noire.

Cette mise démocratique, qui n'avait rien de la tenue d'un important bourgmestre, choqua certainement mon élégant visiteur. Assujettissant son monocle d'un geste nonchalant, il m'examina :

— C'est vous, monsieur le maire?

— Oui. Que désirez-vous?

— Je suis chargé, dit-il, de vous remettre ce pli de la part de Son Excellence.

Il me tendit une feuille pliée en quatre; je pris d'abord mes lunettes et lus, avec une lenteur qui dissimulait mon trouble, l'ordre signé par le général commandant le corps d'armée. La ville de Lens devait verser immédiatement, entre les mains du payeur principal de Douai, une contribution de guerre de neuf cent mille francs.

Je rendis tranquillement le papier à l'officier :

— Dites au général que la caisse de la ville ne possède plus un seul centime.

Je n'avais pas prononcé d'Excellence, exprès; la voix du lieutenant trembla de fureur.

— Je vous demande de signer cet ordre.

— La déclaration de guerre, ajoutai-je.

retrouvant mon assurance, a supprimé toutes les recettes municipales.

— Je n'ai pas à discuter avec vous.

Je déclarai d'une voix décidée :

— Cette somme est trop élevée.

— Vous n'avez qu'à obéir. Les calculs sont basés sur vos budgets précédents, à raison de 33 francs par habitant.

— Pour les budgets précédents, objectai-je, nous avions les droits de voirie, la redevance des mines, les marchés.

L'officier secoua la tête, visiblement exaspéré.

— C'est un récépissé que je demande. Vous discuterez plus tard.

— Mais je ne veux m'engager en rien.

— Signez, ou je vous fais arrêter avec les notables de la ville.

— Ah ! si c'est simplement pour prouver que vous m'avez remis ce pli, dis-je avec une moue ennuyée.

Alors, je repris le papier et donnai ma signature.

Puisque l'officier d'état-major avait

parlé des notables, je priai certaines personnalités de se rendre à la mairie d'urgence. M. Reumeaux vint avec son gendre, M. Taquet, notaire et sportsman, grand amateur de chevaux, propriétaire d'un haras aux portes de Lens. Le chanoine Ocre, archiprêtre de la cathédrale, dressa dans l'entre-bâillement de la porte sa silhouette imposante; c'était la première fois qu'il mettait les pieds dans la maison; d'ailleurs, l'hôtel de ville faisant face au presbytère, les Lensois pouvaient voir fréquemment, depuis la déclaration de guerre, le curé doyen s'entretenir courtoisement avec le maire socialiste. M. Courtin, mon ancien adversaire politique, que j'avais remplacé à la mairie, me tendit, en arrivant, cordialement la main. Mon adjoint, M. Huleu; M. Douai, brasseur; M. Spriet, capitaine des sapeurs-pompiers, complétaient l'assistance.

La discussion commença; dans ce cabinet, où l'on était en train de cimenter l'union sacrée, on aurait juré qu'un comité électoral tenait séance, à la veille d'un scrutin. Le chanoine Ocre s'exprimait avec une onction ecclésiastique, mais il était le seul. Nous éprouvions le besoin de crier notre colère, d'exhaler le mépris qui nous oppressait, s'arrêtait à nos lèvres, depuis tant de jours. Chacun parla, selon son tempérament, mais tous tombèrent d'accord sur la même attitude : résister.

— Il ne faut pas payer.

— S'ils reçoivent de l'argent, ils seront insatiables.

— Ne faisons rien.

— On s'exécutera le plus tard possible.

Je laissais dire, heureux de voir mon souhait partagé. Nous ne prêchions pas la révolte ouvertement. On attendrait les événements.

IX

LES ADMIRABLES SACRIFICES

Ma réponse au sémillant officier d'état-major n'avait sans doute pas satisfait Son Excellence, car elle me dépêcha quelques jours tard, pour me rappeler sa note, l'intendant général Schmidt, un vrai Prussien, haut botté jusqu'aux cuisses, qui brandissait en hurlant ses poings velus.

— Votre ville n'a pas réglé l'indemnité dont Son Excellence l'a frappée, fit-il, joignant d'un air terrible les touffes rousses de ses sourcils.

— Je n'ai pas trouvé d'argent, répondis-je.

— Il y en a. Vous avez trois jours pour verser la somme ; passé ce délai, nous saisirons des otages.

— Nous verserons un acompte.

— Il faut régler le tout.

Il braqua sur moi ses yeux furibonds, puis disparut en grognant.

Je retournai vers mes « notables »; M. Reumeaux décida de se rendre à Douai sur-le-champ; de mon côté, je devais faire appel à la population. Je rédigeai mon affiche à la hâte. A peine était-elle apposée sur les murs que les femmes sortaient des corons par groupes et s'acheminaient, sans retard, vers l'hôtel de ville. En quel-ques instants, une vraie cohue se formait devant la mairie; on eût dit des parents, des amis attendant à la grille d'un hospice, un jour de visite. Le malade qu'elles venaient voir, c'était moi; elles ne craignaient pas que je meure, mais redoutaient de me voir emmener en captivité par les Allemands.

Si j'avais souhaité quelque récompense, je ne l'eusse pas rêvée meilleure, plus émouvante que celle-là. Tout ce qu'elles avaient trouvé au fond de leurs tiroirs,

de leurs bourses, les malheureuses me
l'apportaient, s'inscrivant pour des sommes
de deux francs, de vingt sous.

— Monsieur le maire, disaient-elles,
nous ne voulons pas qu'on vous mette en
prison ; seulement on n'est pas riche,
ajoutaient-elles, en s'excusant.

J'acceptais leur obole, je l'inscrivais en
face de leur nom sur un registre et j'étais
obligé de m'y reprendre à plusieurs fois,
car mes yeux se brouillaient. Qu'avais-je
fait pour elles ? En leur venant en aide,
j'accomplissais un devoir ; tandis qu'elles,
en apportant leur pauvre petit pécule,
commettaient une action généreuse, méri-
toire, se privant du nécessaire, prenant
sur leur ration quotidienne, déjà maigre.

Soudain, devant mon bureau surgit une
petite vieille, le dos en arc, le menton
touchant sa poitrine ; ses doigts noueux,
tremblants, fouillèrent un porte-monnaie
défraîchi, usé comme elle, par les ans.

— Voilà tout ce que j'ai pu ratisser,
par-ci, par-là, dans mon armoire, dit la

femme d'une voix grêle, presque enfantine.

Elle tourna la tête de mon côté, sourit d'un air malicieux.

— Deux écus de cinq francs, dit-elle, et guère plus.

Elle avait déposé treize francs sur ma table.

— Mais cela vous gêne, vous en avez besoin, objectai-je.

Elle eut un petit rire fêlé, moqueur.

— Je ne peux plus les manger, monsieur le maire, je n'ai plus de dents.

Preste, elle s'esquiva par la porte entr'ouverte, avec un trottinement silencieux de souris.

Un homme sec, décidé, lui succéda ; il me fixa d'un regard rapide et brusquement sortit son portefeuille de sa poche, comme on tire une arme pour se défendre

— Quand on ne peut pas donner sa peau, on donne son argent, fit-il d'un ton sentencieux.

Et sans attendre mes remerciements,

avec une raideur militaire, ce commerçant pacifique, qui passait à Lens pour ménager de ses sous, aligna sur mon registre quatre billets de mille francs.

J'avais réuni cinquante mille francs; M. Reumeaux, après avoir donné la Compagnie des mines de Lens comme caution de l'emprunt, rapporta cent cinquante mille francs de son voyage. Et le premier envoi eut lieu.

Nous étions bien décidés à ne pas payer le surplus; du reste, un mois s'écoula, sans rappel de Son Excellence, sans nouvelle visite de M. Schmidt, intendant général. Mais un jour, la kommandantur me fit appeler.

— Nous voyons clair dans votre jeu, me dit sévèrement l'officier. Vous n'osez pas refuser de payer; mais vous espacez vos versements dans l'espoir d'une délivrance prochaine. Sachez-le, nous sommes ici pour longtemps.

Je me gardai de le contredire, de lui jeter à la figure ma foi — notre foi à tous

—que rien n'abattait, je répondis d'un ton doucereux :

— Mais il ne reste plus d'argent dans cette ville !

— Cherchez bien, fit l'officier en me fixant d'un regard mauvais; si vous ne pouvez pas le trouver, nous ferons la chasse nous-mêmes. Il ajouta dans un gros rire :

— Nous savons où sont les nids.

Les Allemands n'auraient reculé devant aucune violence; nous les avions déjà vus travailler. M. Reumeaux, qui s'offrait toujours dans les circonstances difficiles, décida que nous irions tous les deux à Lille. Une auto luxueuse nous emporta sous la garde de deux jeunes officiers, joyeux de l'aubaine, ravis de passer une journée de fête avec des camarades. A Lille, ils devaient nous surveiller pendant notre séjour; mais l'un d'eux, dès notre arrivée, dit en s'excusant :

— A cet après-midi, quatre heures, messieurs. Rendez-vous au café Bellevue.

dait certainement quelque vice de construction : elle ne pouvait circuler à vide. Mais ce masque froid, impénétrable de bourreau, M. l'intendant général ne le conservait que pour les pauvres diables. Avec les autres, il causait. Entre personnes de bonne compagnie, n'ignorant rien de la vie, de ses nécessités, n'est-il pas toujours possible de s'arranger? Au surplus, les temps étaient durs.

Donc, M. l'intendant général ayant entrepris chez les marchands en gros, chez les riches propriétaires une chasse éperdue aux liqueurs, aux vins fins, possédait d'importantes réserves. Mais qu'allait-il faire de tout ce stock? Il l'avait amassé, non pour sa consommation personnelle — il ne buvait que de l'eau — mais pour rendre service aux petits débitants de Lens. M. Cader était prêt à leur céder par simple obligeance, mais à bons prix tout de même, la fine champagne, les bourgognes et les bordeaux qui ne lui avaient rien coûté. Nul n'osait lui refuser. Dans la

suite, par philanthropie encore, M. Cader
avait fait venir des vins du Rhin; c'était
une occasion unique, superbe dont il fallait profiter, car la prochaine récolte s'annonçait mal. Alors, par crainte de déplaire
à cet homme terrible et rusé, les commerçants avaient acheté des bouteilles au col
allongé. Et la petite sacoche noire s'enflait,
s'arrondissait tous les jours.

X

LA DOULEUR APRÈS LA JOIE

Tandis que M. Cader faisait ses randonnées, plaçant avantageusement son vin, j'entreprenais de mon côté des tournées commerciales pour approvisionner notre épicerie. Certains produits : savons, chocolats, bougies, manquaient complètement. Or, un jour que j'étais occupé à dresser, dans mon cabinet, la liste des denrées introuvables, je vis entrer M. l'intendant général Cader. D'ordinaire, il se tenait devant ma table, raide, pressé, lançant d'une voix rude :

— Monsieur le maire, je veux, vous entendez, je veux... Suivait une énumération fort longue.

Cette fois, il prit une chaise, s'assit en

croisant ses jambes, comme un homme
prêt à causer.

— Monsieur le maire, commença-t-il,
j'ai appris que vous cherchiez des bougies
pour votre épicerie.

— En effet, répondis-je.

— Eh bien, je peux vous en céder
500 paquets à des conditions intéres-
santes.

Il dit un chiffre fort raisonnable; j'acceptai.

— Et du chocolat, ajouta-t-il, vous en
manquez?

— Oui, nous en manquons.

— J'ai d'excellentes marques, reprit-il.

— Voyons vos prix, demandai-je au
singulier courtier.

Il me les donna, C'était une bonne affaire; j'acquiesçai.

— N'avez-vous pas également besoin de
savon?

— Certainement, affirmai-je.

L'homme se montrait arrangeant; c'était
un commis voyageur expert, désireux

avant tout de satisfaire sa clientèle. Nous traitâmes et l'épicerie combla ses vides. Par exemple, les rations des soldats allemands durent être fort diminuées pendant quelques semaines. Mais M. l'intendant général continuait d'emplir sa petite sacoche noire.

Dans la suite, je n'eus plus recours aux produits de la maison Cader — il avait établi ses entrepôts dans la ville — l'approvisionnement de l'épicerie redevint normal. Éprouva-t-il quelque ressentiment de cette infidélité à ses produits? En tout cas, il reprit son attitude arrogante et ses pillages ne cessèrent plus; il vola nos chevaux nécessaires au service de voirie, le bétail qui devait nous fournir de la viande, nos vaches laitières. Protégé par son général, au nom duquel il commettait ses forfaits, il était assuré contre toute impunité.

Un soir que j'allais dîner chez notre interprète, M. Tétard, je vis M. l'intendant général arrêté devant l'*Hôtel des Voyageurs*, commandant d'une voix brève, pressée, à

des hommes en train d'atteler des chevaux. Lui-même lançait des ballots dans
la voiture, d'un geste hâtif, apeuré.

M'ayant aperçu, il m'interpella.

— J'ai là 25 000 francs de produits, me
cria-t-il, je vous les cède pour 12 000.

Je m'arrêtai, dévisageant le personnage,
surpris, inquiet par cette soudaine généro-
sité.

— Je verrai, dis-je.

— Non, c'est pour tout de suite; nous
partons.

— Je ne peux pas me décider comme
cela, ajoutai-je.

Et je le quittai. En route, je croisai
d'autres voitures roulant à fond de train,
chargées de marchandises et d'hommes.
Ils partaient.

Pourquoi? Étaient-ce les Anglais qui...?
Je n'osai me réjouir.

En arrivant chez M. Tétard, je lui fis part
de la nouvelle; les mêmes bruits de délivrance avaient volé jusqu'à lui. A table, nous
n'osâmes en parler; on n'avait plus faim.

Vers neuf heures, quelqu'un tambourina joyeusement à la porte; c'était Leclerc, mon appariteur.

— On vous appelle à la kommandantur, dit-il, essoufflé.

Décidément, il se passait quelque chose d'insolite... Si la nouvelle était vraie, tout de même!... J'aurais voulu courir; mes jambes, molles, se dérobaient.

En pénétrant à la kommandantur, je vis les secrétaires ficelant des ballots de paperasses; l'on m'introduisit à la hâte auprès du commandant.

— Alors, dit-il brusquement, vous fêtiez déjà la victoire!

Je répliquai d'un air innocent :

— Quelle victoire?

— Oui, vous êtes content. Nous allons partir. Mais tenez-vous à ma disposition. Je puis avoir besoin de vous. Maintenant je ne veux voir personne en ville; faites éteindre les lumières, fermer les volets.

Il me tourna le dos; je courus, cette fois, jusqu'à la mairie. Sitôt arrivé, je transmis les prescriptions aux agents de police qui les colportèrent à travers la ville. Les Lensois, devinant la gravité de l'heure, s'exécutèrent; mais, derrière les rideaux tirés, derrière les fenêtres closes, des milliers d'êtres humains tremblaient de joie, les yeux embués de larmes. Toute la nuit, la ville gronda sous le roulement des voitures.

Le lendemain, Lens semblait une autre ville, endolorie, mais souriante comme au premier jour d'une convalescence. Les passants, qui, la veille, se faufilaient le long des maisons, le dos courbé sous le poids de leur misère, relevaient la tête gaiement, s'abordaient avec des souhaits, des sourires. Une joie vaillante montait dans l'air printanier. Les femmes des corons s'abordaient, en s'exclamant d'un air soulagé :

— C'est fini, on ne les verra plus!

Des vieilles branlaient la tête et leurs lèvres sèches, comme usées, [répétaient tout bas :

— On ne les verra plus !

Et sur les trottoirs leurs pas se faisaient plus rapides, soudain enrichis d'une force inconnue.

Si l'on avait osé, si des visages durs, renfrognés et casqués, en petit nombre, ne s'étaient point trouvés là pour nous épier, je crois bien qu'on se serait embrassés. Mais les cribleuses, les femmes de mineurs, tenaient contre elles l'extrémité de leurs tabliers, cachant quelque chose avec précaution.

J'avisai l'une d'entre elles :

— Qu'est-ce que vous portez là, demandai-je.

— C'est pour le cimetière, me répondit-elle.

D'un geste rapide, elle avait entr'ouvert son sac improvisé et j'aperçus, au fond, un pauvre petit bouquet tricolore, confectionné avec les fleurs des champs, et les femmes se dirigèrent gravement vers la terre du repos. J'étais fort occupé ce matin-là, on m'attendait à la mairie pour

prendre des dispositions au cas... Mais je
les suivis; elles entrèrent dans le cimetière, s'approchèrent des tombes des soldats, posèrent sur les croix leurs petits
bouquets. Elles venaient dire aux morts :
« Nous allons être délivrés et c'est grâce à
vous; la victoire approche : c'est vous qui
l'avez gagnée. Soyez joyeux dans l'éter-
nité ! »

Les heures passèrent et la ville somnola,
s'assoupit dans un grand calme. On atten-
dit jusqu'au soir; personne ne vint. La
nuit s'écoula, lente, interminable, mais
dans le frisson de l'aube nul chant n'éclata.
Au grand jour, les visages radieux, insolents des Allemands, nous renseignèrent...
Hélas !

Puisqu'ils étaient restés les maîtres, ils
pouvaient tout oser. Race de policiers en-
tretenant une demi-douzaine d'espions et
de filles, les sous-officiers se procurèrent
des noms de manifestantes; la kommandantur les fit appeler. Elles défilèrent devant le géôlier; chacune eut son compte.

Les interrogatoires ne variaient guère.

— On vous a vùe hier entrer au cimetière.

— J'allais sur la tombe de mon père.

— Cent marks d'amende. Disparaissez.

Une autre se présenta :

— On vous a entendue chanter dans la rue à huit heures du soir.

— J'étais malade à la maison.

— Huit jours de prison.

Vingt accusées comparurent : vingt condamnations. La distribution fut rapide. Amende et prison pour les délinquantes ; pour la population tout entière, interdiction de sortir après dix heures du matin pendant deux mois.

Nous retournions à l'enfer.

XI

LE FAUX VIEILLARD

Les semaines qui suivirent cette décevante alerte furent les plus lourdes à supporter de notre terrible emprisonnement.

On s'était senti si près du but! Les Allemands eux-mêmes avaient avoué... Mais je ne voulus pas laisser voir ma soudaine lassitude. Je me ressaisis vite et je tirai de l'événement deux conclusions, d'abord la guerre que nous voyions finie en quelques mois allait durer; ensuite, puisque nous avions touché la victoire, c'est qu'elle était possible, certaine. Elle guettait l'heure propice. Je retrouvai du courage, j'en puisai dans mon métier d'épicier, dans mes fonctions de maire. De voir les ouvrières, les pauvres femmes des corons satisfaites, rassurées sur le sort de leurs petits, était une récompense. Mais d'autres femmes que je ne connaissais pas, ne souffraient-elles pas de faim dans leurs demeures? Cette pensée me hantait.

J'avais fait afficher, dès le début de la mobilisation, que devant la patrie en danger, toutes les cloisons politiques devaient tomber, les partis n'existant plus. Pour tous les habitants de Lens, sans distinctions, la mairie était ouverte l'été de 6 heures et demie à 10 heures du matin, l'hiver de 7 à 10 heures.

Un ami me dit un jour :

— Il y a des gens, dans la ville, qui ne sont pas de Lens ; ceux-là n'osent pas vous rendre visite.

Je lui répondis :

— Dites-leur de venir.

Le lendemain, je vis entrer dans mon bureau un grand vieillard au front couronné de longs cheveux gris, comme dans les estampes, enveloppé dans un vaste manteau ; il marchait appuyé sur une canne avec une peine extrême.

Je me levai avec déférence — l'homme paraissait mon aîné — et j'offris une chaise au vieux bonhomme digne et simple qui me plaisait.

— Que puis-je pour votre service, demandai-je ?

— Monsieur le maire, je dois commencer par vous dire que je ne suis pas de Lens ; j'étais venu avec ma femme passer mes vacances ici quand la guerre m'a surpris.

— Cela ne fait rien ; pour moi, vous êtes Lensois au même titre que mes concitoyens.

— Je vous remercie beaucoup, mais...

Il jeta vers la porte un coup d'œil méfiant, redoutant quelque visiteur importun.

— Vous pouvez parler, lui dis-je.

Alors l'inconnu se leva brusquement, avec une vigueur juvénile, et, d'un geste preste, fit sauter sa superbe chevelure grise. J'avais devant moi un beau gaillard

de quarante ans à peine, vigoureux et jovial. J'étais trop interloqué pour penser à
rire.

— Voilà, monsieur le maire, dit l'homme
confus, il faut que je vous explique : ma
femme et moi, nous sommes des artistes ;
je joue à Paris, dans les théâtres des bou-
levards... Alors, vous comprenez, j'ai
l'habitude de me grimer ; c'est pourquoi...
Vous permettez...,

Il fixa sur son crâne sa perruque et je
retrouvai mon grand vieillard.

— Si je me suis fait cette tête-là, c'est à
cause de mon âge. Je ne veux pas qu'ils
m'emmènent, vous comprenez ? D'ailleurs,
je brûlerai la cervelle au premier qui vou-
dra me prendre. Ah ! si je pouvais m'échapper, tenir un fusil !

Une sincérité violente brûlait ses regards ; il s'apaisa, eut un geste vague,
désolé.

— Mais je dois rester ici, à ne rien faire,
soupira-t-il. Et ma femme est malade. Si
vous pouviez...

— Vous avez bien fait de venir, lui dis-je. En somme, votre femme et vous êtes des chômeurs; vous toucherez tous les deux une indemnité quotidienne. Je vous inscris également pour un secours. Tenez, acceptez cela; en temps de guerre, vous le pouvez...

Je lui tendis un billet de cinquante francs.

— Mais vous ne me connaissez pas, s'écria-t-il.

— Cela ne fait rien.

— Je ne pourrai vous rendre cette somme que plus tard, lorsque les théâtres rouvriront.

— Eh bien, j'ai confiance; j'attendrai.

Il me serra la main et reprit son pas lent et digne de vieillard cassé. A quelques jours de là, je reçus la visite d'un autre vieux, un vrai celui-là, avec une tête de bonhomme Noël, geignant, crachotant, dénigrant tout le monde.

— Ah! sacrée ville, monsieur le maire! comment ai-je échoué ici?

— Dame, je vous le demande.

— Rien à peindre, des cheminées d'usines, des maisons sans caractère. C'est affreusement laid.

— Je le déplore pour vous, mais ça...

— Et les gens pas agréables.

— Il faut les connaître.

— Avec cela, sans un sou, à soixante-dix ans.

— On pourra vous aider ; vous aurez l'indemnité de chômage.

— Je ne pourrai pas vivre avec cela.

— Vous essayerez... Après, on verra.

— Ah ! sacrée ville ! Sacrée ville ! fit le peintre en s'en allant, oubliant de me saluer.

Mais j'apprs quelques jours plus tard qu'il dessinait à la plume des cartes postales, reproduisant le même sujet inlassablement : la chapelle de Notre-Dame-de-Lorette. Des amis lui firent des commandes ; il les accepta, toujours geignant :

— Sacrés habitants ! Sacrée ville !

Nécessairement, je gardais, sur une liste

secrète, trace des avances que je consentais à des particuliers; mais des employés de la mairie parlèrent-ils autour d'eux de ces visites? En tout cas, je ne tardais pas à voir frapper à ma porte des Lensois qui, depuis seize ans, — depuis que j'étais maire — avaient oublié le chemin de l'hôtel de ville. Timides, gênés comme s'ils accomplissaient quelque action défendue, dangereuse, ils parlaient à voix basse, sans oser me regarder.

— Vous êtes chez vous ici, leur disais-je; cette maison est la vôtre.

— Mais on vous a dit, monsieur le maire, que mes opinions...

— Il n'y a plus d'opinions.

— Je peux vous parler de ma situation?

— Comme à un vieil ami.

Alors, tandis qu'ils parlaient, échauffés, encouragés par mon accueil, c'était à mon tour d'être ému. Dans ma petite épicerie, je touchais la misère du doigt, mais c'était la misère du peuple étalée comme un linge sur une haie et séchant comme lui, au bon

soleil... de l'amitié, de l'entr'aide fraternelle. Chez ces propriétaires, chez ces
bourgeois pourvus de rentes, c'était une
gêne cachée, secrète, qui leur décolorait
la vie, dressant sur la route de l'avenir des
spectres sinistres. Depuis la mobilisation,
ils ne touchaient plus leurs loyers ; leurs
terres mouraient faute de main-d'œuvre.
Que faire ? A qui s'adresser ? Ils finissaient
leur confession par les mêmes mots :

— Je n'ai pas droit à l'allocation.

— D'abord, vous y avez droit, affirmais-
je. La loi dit que l'allocation peut être
accordée aux personnes possédant des
revenus, mais dont la situation a été ruinée
momentanément, du fait de la guerre. C'est
votre cas.

— Je vous remercie. Mais en supposant
que je la reçoive, pourrai-je vivre ?

— Non, c'est impossible avec votre train
de vie, même rogné, même diminué comme
il l'est.

— Vous voyez bien...

— Mais il reste un remède.

— Lequel, monsieur le maire?

— Vous prêter sur vos titres de propriété.

Ils relevaient la tête, me fixaient d'un
air surpris, croyant à quelque plaisanterie.
Mon attitude sérieuse les faisait réfléchir;
quelques instants après, ils revenaient avec
leurs titres de propriété, me confiant le secret de leur fortune, à moi, socialiste, et je
leur consentais des avances mensuelles.

Mais ceux dont la vue me serrait le
cœur, c'étaient les vieux mineurs retrai-
tés; je les évoquerai toujours, désormais,
déambulant par deux et trois, dans les rues
désertes, silencieuses, sans prendre garde
aux sifflements des obus. N'avaient-ils pas
assisté à des explosions de grisou, vécu de
terribles drames dans le pays des ténèbres?
Que pouvaient redouter leurs vieilles car-
casses? Mais tant qu'ils étaient de ce monde,
ils voulaient avoir toujours quelques sous
pour s'asseoir autour d'une chope et causer
de la mine. Quand ils m'apercevaient, ils
venaient à moi, les mains tendues;

— Monsieur le maire, est-ce qu'on nous paiera, pendant la guerre, notre pension de retraite?

— Vous savez bien que M. Reumeaux n'abandonne pas ses vieux mineurs.

— Oh! lui, bien sûr, mais s'il n'a pas d'argent?

— Il en trouvera, répondis-je.

Avant la guerre, quand je me promenais dans la ville, les mêmes vieux bonshommes m'arrêtaient pour me dire :

— Monsieur le maire, il manque quelque chose sur telle place.

— Quoi donc?

— Des bancs pour reposer nos vieilles jambes.

Les braves cœurs, comment n'aurais-je pas accédé à leurs désirs? Aussitôt qu'il m'était possible, je faisais placer le banc réclamé. Aujourd'hui, ils avaient peur que le pain de leurs derniers jours leur échappât; ils savaient bien que M. Reumeaux, l'ami de ses vieux mineurs, était là; mais aurait-il l'argent?... M. Reumeaux aurait l'argent, car si la caisse de la Compagnie des mines en manquait un jour, la municipalité de Lens apporterait ses bons communaux... C'est ce qu'elle fit.

Ah! ma chère et belle cité, que j'avais connue si bruyante, si gaie, étourdissante de lumières et de chants, que de douleurs je voyais installées à toutes les portes, sur tous les seuils!

XII

J'étais complètement rassuré sur le sort de mon nouvel administré : le comédien. A chacune de ses visites, je lui trouvais l'air plus digne, l'aspect plus vieilli aussi; visiblement, la guerre affectait son grand âge. J'en arrivais à trouver qu'il exagérait. Mais j'étais inquiet de nouveau... Il s'agissait, cette fois, d'un petit homme rasé, coiffé d'une casquette quadrillée, les jambes maigres serrées de leggings de cuir, luisants, comme taillés dans de l'acajou verni, qui passait, chaque matin, sous mes fenêtres pour se rendre au haras de M. Taquet. Je le connaissais de longue date : Anglais de pure race, flegmatique et jovial, il était installé à Lens depuis plusieurs années.

Un Anglais dans Lens! Si les autorités allemandes venaient à l'apprendre, quels supplices n'allaient-ils pas inventer? Un Anglais au milieu de leurs troupes! Comment n'avaient-ils pas repéré, flairé le fils de cette race immonde, comme ils l'appelaient, dont nous étions, à les entendre, les victimes et les dupes!

Cet homme qui courait les plus graves dangers ne semblait aucunement soucieux; sa tranquillité m'épouvantait, j'aurais voulu l'aborder, l'avertir, mais le voyant si calme, je remettais toujours cet entretien. « Voilà un allié, pensais-je, qui nous attirera quelque jour une bien mauvaise affaire. » Un matin, j'eus vraiment peur : tandis qu'il se dirigeait vers ses écuries, de son même pas égal et balancé, je vis un officier, raide, frisé au fer, se retourner sur son passage, et je me dis aussitôt : « Mon homme est perdu! » Mais c'étaient les leggings étincelants que l'élégant lieutenant fixait d'un regard jaloux. L'Anglais, une fois encore, était sauvé.

Je tremblais bien à tort, du reste, puisque, à ma grande surprise, je reçus de la kommandantur l'ordre d'établir une carte d'identité au nom d'un citoyen américain exerçant la profession de jockey chez M. Taquet, notaire. C'était mon Anglais, changé en neutre. Le bon tour! Ce jockey humoriste avait roulé la kommandantur. Comment s'y était-il pris? On devine avec quel empressement je rédigeai la carte demandée. Un Anglais vivait dans Lens, sous la haute protection des officiers du kaiser.

Des semaines passèrent, et je ne pensais plus au pseudo-Américain, désormais en sûreté, lorsqu'un matin un agent de police pénétra sans frapper dans mon bureau. Pâle, haletant, le pauvre homme pouvait à peine s'exprimer.

— Monsieur le maire, nous avons une bien sale affaire sur les bras, déclara-t-il.

— Que se passe-t-il?

Il respira bruyamment, puis reprit très vite :

— Vous connaissez Michel, le Flamand?

Si je le connaissais ! C'était une des trois ou quatre canailles que protégeait la kommandantur, un ivrogne batailleur qui, sous prétexte de ravitaillement, courait la campagne, accaparait des denrées qu'il revendait avec des bénéfices scandaleux. Je l'avais plusieurs fois signalé aux autorités allemandes, mais vainement. Je m'exclamai :

— Quoi, Michel, cette fripouille ?

— Oui, monsieur le maire. Tout à l'heure, dans un cabaret, étant ivre, il a dit du mal de vous, se vantant de vous faire envoyer en Allemagne. Vous auriez, disait-il, commis un faux.

— Ah ! elle est bonne. Il faut le laisser dire.

— Mais ses accusations seront sûrement rapportées à la kommandantur. Et alors...

— Eh bien, attendons.

— On pourrait tout de même vérifier, poursuivit l'agent.

Je m'écriai encore :

— Vérifier si j'ai commis un faux ?

— On a pu vous tromper, monsieur le maire; Michel prétend que vous avez fait passer pour Américain un Anglais, le jockey de M. Taquet.

— Ah! c'est cela? Je suis au courant, merci.

Je montrai devant l'agent le plus grand calme; lui parti, je murmurai :

— Cela devait arriver.

Et j'attendis les événements.

Le jour même, j'étais appelé par un planton à la kommandantur; dès que je pénétrai dans le cabinet de l'officier de police, celui-ci me désigna une chaise d'un geste brutal.

— Monsieur le maire, commença-t-il d'un ton solennel, vous êtes accusé de faux.

— Je n'ai absolument rien à me reprocher, fis-je d'une voix ferme, bien décidé à jouer serré.

— Je devrais vous emprisonner immédiatement, mais j'attends des ordres de Son Excellence.

— Je proteste, dis-je avec force, je n'ai jamais commis de faux.

Alors l'officier fixa sur moi un regard féroce, ses mâchoires tremblaient de fureur.

— Vous avez fait passer un Anglais pour Américain. Ce n'est pas un faux, cela?

— Je ne connais pas d'Anglais à Lens, répondis-je sans me troubler.

— C'est bien, retirez-vous, cria-t-il.

Je retournai à la mairie, persuadé que c'était le dernier après-midi que j'y passais. Sans faire part de mes pressentiments à mes collaborateurs, je rangeai des papiers importants jusqu'au soir. Je m'apprêtais à quitter l'hôtel de ville pour rentrer chez moi, lorsque l'officier de police reparut. Sous son bras, il portait le registre contenant les déclarations des étrangers, qu'il avait pris dans le commissariat :

— Tenez, monsieur le maire, vous ne pouvez pas nier, cet homme s'est fait inscrire comme Anglais, dans votre ville, il y a sept ans de cela; c'est là-dessus.

Ses mauvais yeux étincelaient de joie ; ses dents luisaient dans sa bouche prête à mordre :

— Eh bien, qu'avez-vous à répondre ?

Je me dirigeai vers un casier et j'en tirai tranquillement un registre aussi imposant que le sien. Je l'ouvris et l'approchai de l'officier :

— J'ai à répondre ceci, dis-je : voici l'ordre de la kommandantur d'établir une carte d'identité de ce même jockey comme sujet américain.

Le lendemain, l'Anglais aux leggings couleur d'acajou verni était dirigé sur l'Allemagne, et l'on ne parla plus de mon emprisonnement.

Cette histoire de carte d'identité avait surtout jeté l'effroi dans notre bureau de police. Les agents, dont c'était la profession de perquisitionner chez les autres, n'avaient pas assisté sans colère à l'irruption dans leur local de l'officier allemand. Mais leur chef, M. Bourgeois, avait haussé les épaules en riant. Il se dégageait de ce

grand et gros homme, de ses gestes, de ses
paroles, de ses yeux, des effluves d'optimisme. Vrai type du commissaire de temps
de guerre, il rassurait la population, voyait
l'espoir illuminer en même temps le ciel
et la terre, devinant toujours le soleil derrière les nuages. Et cet homme, qui niait
la gravité des bombardements, considérait
le vol d'un obus comme le passage innocent d'une hirondelle, devait être la première victime de Lens!

Nous avions déjà, le 4 octobre 1914, vu
des Lensois tomber sous les balles allemandes. Mais les chasseurs tiraient alors
le long du canal; nous étions en pleine
bataille : ceux que nous perdîmes eurent
des morts de soldats. Depuis ce jour, nous
n'avions que les échos lointains du drame,
surtout en 1914. Bientôt la dévastation de
Lens commença, la ville trembla sous les
sifflements des projectiles et les maisons
croulèrent dans de grands fracas qui m'é-
treignaient le cœur. Il me semblait que ma
pauvre cité poussait, sous l'averse de fer,

des appels sourds, torturants. Puis régnait un vaste silence. La mort était là...

Les premiers obus s'acharnant sur le quartier de la Gare, le bureau du commissaire de police, situé place de la République, à côté du petit *Café des Sports*, devait être infailliblement frappé. Mais M. Bourgeois n'allait pas déranger, pour si peu, ses habitudes: seuls, les neurasthéniques, prétendait-il, ne peuvent pas travailler au milieu du bruit. Mais lui... Et c'est précisément assis à sa table, en train de compulser un dossier, que l'obus le frappa. Le projectile éventra le poste de police et, le plancher du bureau s'effondrant, le commissaire alla tomber sur le trottoir, pantelant, sanglant, avec une jambe hachée.

Dans la façade du café, l'obus avait ouvert une large brèche, mais le patron, sans même inspecter les dégâts de sa maison, s'était précipité au secours du commissaire. Par extraordinaire, les éclats avaient épargné dans la boutique un portrait de jeune homme qui souriait dans son cadre avec une grâce de jeune dieu. Vêtu simplement d'un maillot qui découvrait son cou et ses bras souples, croisés sur sa poitrine, il avait l'air de fixer cette soudaine dévastation avec un regard tranquille, sûr de sa force. Ce modeste *Café des Sports* était la maison familiale du boxeur Carpentier, et ce petit homme alerte, occupé à coucher le blessé sur une civière, était son père.

Sitôt prévenu de l'accident, je me rendis à l'hôpital, où M. Bourgeois avait été transporté ; deux majors allemands garrottaient le membre déchiqueté et je me rendis compte que l'optimisme peut, en certains cas, empêcher de mourir. Malgré ses horribles souffrances, le commissaire de police souriait ; six mois après, il reprenait son service — cette fois à la mairie — avec une jambe de bois toute neuve et... plus gai que jamais.

XIII

En songeant à la période des premiers bombardements, je ne peux évoquer sans étonnement notre belle humeur d'alors. Ce bon diable de commissaire avait communiqué sa verve à toute la ville. Pourtant, la vue de sa jambe de bois aurait dû rappeler qu'il en cuisait parfois...

La prudence eût exigé que l'on se résignât, au début même, à vivre dans les caves, mais cette prévoyance nous répugnait. N'était-ce pas montrer qu'on avait peur? A dire vrai, les sifflements d'obus, les éclatements étaient écoutés avec plus de curiosité que de crainte. On discutait sur les emplacements touchés. « Celui-là vient de tomber près du canal... »

— « Non, dans le jardin de M. Taquet... » — « Je vous dis que c'est sur la cathédrale... » Chacun disait son mot, lançait quelque boutade, et l'on riait. L'admirable équilibre de la France, on le retrouvait dans nos pauvres maisons menacées. On en arrivait presque — il s'agit des débuts — à souhaiter quelque orage infernal, des crépitements sans fin, car l'on se disait : « Ce sont les Anglais qui bombardent; leur tir se rapproche, donc ils avancent. » Et c'était comme une bouffée de chaleur qui montait aux tempes, et dont on était doucement étourdi. Je me rappelle les scènes qui se passaient à la maison, chaque soir... Nos voisins, les Poirette, la grand'mère, sa fille et les petits-enfants, venaient nous rendre visite après le dîner. C'était, entre nous, des parties de nain jaune interminables, innocentes, où l'esprit se récréait. Quand les bombardements commençaient, les femmes se bouchaient les oreilles, baissaient la tête.

Parfois, la vieille Mme Poirette s'écriait, d'une voix effrayée :

— Ah ! je suis tuée ! Je suis morte ! sans toutefois lâcher ses jetons. Puis, le bruit s'éteignant, elle relevait le front, éclatait de rire et les assistants s'esclaffaient à leur tour, s'examinant curieusement, se moquant des « têtes qu'on faisait ». Mais une fois le calme rétabli chez les gens, bêtes et choses continuaient leur vacarme. Ma vieille chienne Miss ne se lassait pas d'aboyer et les cuivres s'affalaient dans un agaçant tintamarre.

Et la partie reprenait jusqu'à la prochaine alerte.

Vers neuf heures et demie, on se séparait, et le départ de la famille Poirette avait quelque chose d'épique. Avant de prendre congé de nous, la grand'mère se dirigeait vers notre cuisine, pour reprendre deux grands paniers qu'elle avait déposé là, en arrivant. Les « mandelettes », assez lourdes, avaient un aspect diabolique ; de l'intérieur, des coups secs, ré-

pétés, étaient assénés sur l'osier; des
bruits furtifs s'échappaient à travers les
parois. A certains moments le couvercle
tressautait, sous l'effort de petites pous-
sées rageuses. Mme Poirette se penchait
alors sur son panier et criait :

— Allons, taisez-vous donc!

Si les bruits persistaient, elle secouait
sa charge en grondant :

— Je vais vous faire tenir tranquilles.

En s'acheminant vers la porte, la vieille
dame se retournait vers nous, ajoutant en
manière d'excuse, comme s'il s'agissait
d'enfants turbulents, ayant en visite causé
quelques méfaits :

— Les pauvres petits ont l'habitude du
grand air.

Et, dans la nuit, la famille Poirette
regagnait sa demeure, emportant sa basse-
cour. A l'intérieur des mandelettes, des
poules pressées, serrées, étouffaient dans
l'ombre. La grand'mère les amenait avec
elle, à chaque partie de nain jaune, non
qu'elle se proposât d'initier les volailles

aux mystères du jeu, mais elle voulait les soustraire à la rapacité pillarde des Allemands. Ceux-ci profitaient, en effet, des bombardements pour rendre des visites intéressées aux basses-cours, et le vol était aisé, puisque les propriétaires se trouvaient, à ces moments, dans leurs caves. De toute façon d'ailleurs, il était préférable de cacher ses poulets, de les tenir bien « muchés ».

Ceux qui restaient à Lens auraient dû, d'après les prescriptions des autorités allemandes, être transportés à la kommandantur. Le poulet était un mets aristocratique auquel ne pouvaient goûter ces barbares de Français. Inutile de dire que la réquisition n'avait pas beaucoup augmenté la réserve de messieurs les officiers. La basse-cour subsistait, seulement elle était devenue ambulante.

Cette excellente Mme Poirette, personne digne et pieuse, ne manquait jamais de me dire, quand elle me rencontrait :

— Eh bien, monsieur le maire, va-t-on nous rendre une de nos églises?

— J'insiste chaque jour auprès de la kommandantur, répliquais-je.

— Vous qui ne croyez à rien, cela ne vous manque pas, mais nous...

— Vous aurez votre chapelle, je vous le promets.

C'était, en effet, une de mes préoccupations. Ce colonel prussien qui me tint assis cinq heures sur une chaise, gardé par deux sentinelles sur la route de Sallaumines, avait, on s'en souvient, interdit, par voie d'affiches, l'accès des églises aux habitants de Lens. Depuis ce jour, la cathédrale et les paroisses de la ville avaient dû fermer leurs portes, ou plutôt les retourner : celles-ci s'ouvrant en dedans, les soldats allemands les firent ouvrir en dehors, par crainte, disaient-ils, d'un incendie, redoutant, en réalité, les éclatements de bombes. Et les catholiques qui puisaient dans la prière des consolations et des forces assistaient chaque dimanche à un spectacle affligeant.

Des milliers de soldats allemands, en tenue de service, stationnaient devant la cathédrale, attendant leur tour d'entrer, car ils allaient prier, chanter des psaumes, par sections, au commandement, comme sur un champ de tir. Du seuil de la mairie, nous contemplions l'immense tache livide des uniformes, et l'un de nous pensait tout haut, avec peu de commisération chrétienne :

— Oh ! un bon obus anglais qui tomberait dans le tas, quelle bénédiction !

Les chants graves des soldats, les vagues puissantes des sons de l'orgue montant de la nef nous offensaient comme des blasphèmes. Cependant, les Allemands souhaitaient me voir assister, avec une délégation, à ces cérémonies religieuses à grand spectacle où les officiers exhibaient leurs uniformes corsetés, leurs bottes étincelantes et leurs dragonnes aux glands d'or ; par trois fois, je reçus l'ordre de la kommandantur de m'y rendre ; par trois fois je refusai. Tous les membres de la municipalité opposèrent la même résistance. Alors, dans la suite, les autorités allemandes gardèrent pour elles leurs marques de politesse.

Enfin mes réclamations, mes suppliques parvinrent à triompher de leur mauvais vouloir : la chapelle de l'hospice, depuis longtemps désaffectée, fut rouverte aux fidèles.

Et Mme Poirette, entre deux parties de nain jaune, me dit que j'étais bien capable, un jour, de gagner le ciel.

XIV

J'étais bien sûr que Michel, le Flamand, se vengerait de son échec. Par sa dénonciation, il avait jeté dans un camp allemand le jockey anglais ; mais je n'avais pas suivi ce dernier. Il ne me le pardonnait pas. Dans les cabarets de la ville, il reprenait ses attaques contre moi : on l'écoutait parce qu'il avait le vin mauvais et qu'il s'avançait les poings levés sur ses contradicteurs. Enfin, la kommandantur le protégeait. On le laissait dire... par peur... Mais je ne le craignais, ni lui, ni ses pareils. J'enrageais seulement de mon impuissance vis-à-vis d'eux ; en les apercevant, je me sentais soulever de fureur. Et j'étais obligé de subir leur ignoble trafic parce qu'ils possédaient voitures, chevaux et l'appui des autorités allemandes.· C'étaient les voleurs des pauvres, mais j'étais résolu à défendre les pauvres.

Mes amis continuaient de me mettre en garde contre le Flamand.·

— Soyez prudent, me disaient-ils, Michel va colporter partout qu'il vous fera votre affaire.

— On verra bien.

— C'est qu'il est capable de tout, ajoutaient-ils.

J'étais tranquille : il ne pouvait me voir qu'à mon bureau ; là, mes collaborateurs veillaient ; à la moindre menace, ils n'auraient pas manqué de le jeter dehors. D'ailleurs, lorsqu'il venait pour ses laissez-passer, c'était moi qui les distribuais. Il criait, jurait, mais s'en tenait là.

Un matin, je le vis entrer dans mon cabinet, et tout de suite, à ses yeux vagues, à sa bouche tordue, humide, à la mèche de filasse s'échappant de sa casquette, je devinai les nombreuses stations de l'ivrogne sur sa route ; dans la main droite, il tenait son fouet, la lanière enroulée à son poignet. Je le croyais seul, mais, derrière lui, je vis surgir ses complices : Flanquart, un bricoleur notoirement espion, petit homme violent au visage hargneux, ravagé ; un certain boucher, voleur pris en flagrant délit vendant du chien pour du veau ; et enfin une femme colosse, mère de deux filles mafflues, énormes, chez qui les officiers allemands venaient danser et jouer du piano. Sympathique quatuor qui méritait le bagne et dont le sort de la ville, en partie, dépendait. Habitués de la kommandantur, chacun d'eux avait dans la maison ses grandes et petites entrées.

Installés sur des chaises, en rang, ils me dévisageaient avec des regards sournois, liés ensemble par une entente secrète. C'était la bataille ; je l'acceptai, prêt à dire son fait à ce joli monde.

Ah ! si mon cabinet avait, depuis quelques mois, été le témoin de scènes attendrissantes, il allait assister à un autre spec-

tacle rapide, violent, et qui faillit tourner
au drame.

Je commençai par regarder les ravitailleurs bien en face, pour leur prouver que
je ne les redoutais point, et je demandai
d'une voix tranquille :

— Vous venez pour des laissez-passer ?

— Et vous allez les établir tout de suite,
dit Michel en agitant son fouet.

— Je n'ai d'ordre à recevoir de personne, répliquai-je sèchement.

— C'est bon, on va voir, grogna l'ivrogne.

— Oui, nous en avons assez! s'écria
Flanquart d'un ton hargneux, vous n'êtes
plus le maître!

— Je sais, je sais, répondis-je, hochant
a tête.

— Vous ne prétendez pas nous empêcher de faire du commerce? s'écria la
grosse commère.

Elle n'avait pas achevé que je me levai
brusquement, m'avançant vers elle :

— Du commerce? Du vol, vous voulez

dire. Vous êtes en train d'affamer la ville, de la ruiner.

— De quoi... de quoi?... fit Michel, clignant des yeux.

Mais nulle force humaine ne pouvait me retenir. Il me fallait crier ma colère, mon dégoût.

— Vous méritez la prison, tous, tous. Voulez-vous comparer vos prix aux miens? Le beurre que je vends dans mon épicerie 5 francs le kilo atteint jusqu'à 30 francs dans vos boutiques; les œufs de 40 centimes, vous les faites payer 1 franc pièce; le café que j'offre à 1 fr. 80 la livre coûte chez vous 10 francs. Si ce n'est pas du vol, comment appelez-vous cela? Ah! non, je ne suis plus le maître, heureusement pour vous tous.

La femme colosse étouffait de colère, Michel leva son fouet, Flanquart lança d'une voix sifflante :

— Vous avez fini?

Leurs menaces, au lieu d'abattre ma fureur, l'excitèrent, l'exaspérèrent; je continuai :

— Non, je n'ai pas fini. Je tiens à vous dire qu'à l'avenir, je saisirai sur vos convois les denrées nécessaires à la population et vous les paierai au prix de facture. Maintenant, allez-vous-en! Je ne veux plus vous voir ici. Vous êtes tous des voleurs, des voleurs!...

J'avais dû crier fort, l'épicerie était ouverte, des pas précipités résonnèrent dans le couloir. C'est ce qui me sauva. Sans souffler mot, les trois ravitailleurs se dirigèrent vers la porte; Michel sortit le premier, Flanquart et la géante suivirent. Mais le boucher était resté debout devant mon bureau.

— Et moi, moi! cria-t-il. Est-ce que vous allez me laisser tranquille?

— Vous vous conformerez à mes arrêtés.

— Je vais vous faire donner des ordres par la kommandantur, s'exclama le boucher, assénant un violent coup de poing sur mon bureau.

Alors, saisi d'un insurmontable dégoût,

j'appelai d'une voix tonnante : « Renard ! » et quand l'agent de police apparut, je lui dis d'une voix soudain radoucie :

— Foutez-moi cet Allemand dehors !

Ces gens sans aveu, auxquels se joignaient cinq ou six prostituées, composaient l'agence d'espionnage, la bande louche ayant ses grandes et petites entrées à la kommandantur; mais celle-ci n'eut pendant de longs mois aucune autorité. Les colonels, commandants, capitaines, provisoirement délégués dans ce poste, n'avaient qu'un souci : jouir des douceurs de l'arrière, et c'est à l'*Hôtel des Voyageurs* qu'ils passaient leurs journées. Pendant les années de 1914 et 1915, Lens fut considérée par les Allemands comme un séjour de repos. Ils avaient installé des hôpitaux dans nos écoles, à la Maison des Associations. Mais ce voisinage de la souffrance, de la mort ne troublait point leurs noces crapuleuses.

C'étaient, dans la journée, des ripailles, des beuveries sans arrêt qui se terminaient le soir par des danses entre eux, faites de minauderies canailles et de déhanchements obscènes. Certains de ces officiers corsetés, musqués, les poignets ornés de bracelets d'or, s'affublaient de robes de femmes, et les grands chefs encourageaient par leurs applaudissements ces fêtes de la décadence où se trémoussait la fine fleur de la jeunesse allemande.

Au grand jour, on voyait des officiers sortir, fripés, titubants; par plaisanterie, l'un affectait des attentions d'amoureux, embrassant ses compagnons, chantant en français, d'une voix pâteuse :

— J'ai peur... de moi-même... parce que... je t'aime.

A tout propos, dans les rues, ils parlaient à voix haute de leurs caleçons de soie, de leurs pyjamas mauves ou fleur de pêcher, et si quelque passant esquissait un sourire ou détournait la tête pour ne pas saluer — le salut était obligatoire — ces élégants devenaient subitement des brutes méchantes, aux gestes d'assassins.

Ils se croyaient toujours victorieux et partaient aux tranchées dans de vastes automobiles, chantant et riant, comme des joueurs heureux à un retour de grand prix ; ils brandissaient les poings vers nous, en criant :

— Nous reviendrons, ville de Lens, bonne ville !

Hélas ! ils revenaient, plus assoiffés, plus affamés encore...

Que pouvait la kommandantur, à supposer qu'elle eût voulu apporter de l'ordre contre ces bandits casqués? Mais nous devions bientôt assister à d'étranges spectacles. Cette ardeur guerrière allait se changer en désespoir ; cette exaltation joyeuse en une prostration de criminels abattus, gémissants. Et le commandement finit par nous envoyer comme administrateur un homme terrible qui restera dans l'histoire le geôlier de Lens.

XV

La kommandantur s'était emparée de la maison de Mᵉ Dormion, notaire, sur la Grand'Place; demeure paisible, avec ses panonceaux dorés, ses hauts murs, son jardin ombragé, respirant une vieille honnêteté provinciale. On l'eût prise, depuis son envahissement, pour un hôtel bizarre, moitié caserne, moitié entrepôt. Dans la cour s'accumulaient des caisses, produits de rapts à travers la ville, et, devant la grille d'un vaste poulailler, un chien féroce montait la garde. Au rez-de-chaussée avaient été aménagés les services d'administration et de police. Le commandant de place avait pris possession du salon, et quel tragique contraste entre l'atmosphère intime, cordiale de la pièce, avec ses stores blancs, ses meubles accueillants, ses photographies d'enfants, couronnés de boucles, et la bête humaine, le sanglier prussien qui logeait là !

Il nous arrivait de Quéant, près de Bapaume, précédé d'une réputation édifiante. Installé dans le château du marquis de Baynast de Sept-Fontaines, ce gros fermier de Magdebourg, les poings dressés vers les portraits des aïeules qui se moquaient doucement, s'était écrié dans un hoquet :

— C'est moi, maintenant, le seigneur de l'endroit. Je suis le marquis de Huit-Fontaines.

Singulière vantardise dans sa bouche, car, de sa vie, il ne s'était désaltéré dans le courant d'une onde pure. Sur sa table de travail, sur la cheminée, par terre, s'alignaient les bouteilles de liqueur. On le surprenait toujours un verre à la main. Quand les paysannes se présentaient devant lui, réclamant du charbon, du pain, il leur criait, invariablement :

— Désolé, mes chattes, mais je n'ai pas achevé mon verre de rhum.

Elles revenaient, cinq et six fois, sans plus de succès; les saluant, à chacune de leurs visites, d'un air ironique, Klaus minaudait avec une grâce de vieux beau :

— Je suis bien content d'être recherché par d'aussi jolies dames.

Et, froidement, il remettait la distribution au lendemain. Les jolies dames, il les poursuivait, les complimentait avec un zèle insultant, réclamant, sous mille prétextes, leurs photographies. Habitudes de rustaud grossier qui force, après souper, les portes de ses servantes.

Ces détails, rapportés par des ravitailleurs, me dégoûtaient sans m'épouvanter. Je m'attendais à recevoir un maniaque prêt à faire, comme ses prédécesseurs, de l'*Hôtel des Voyageurs* son quartier général. Ma première visite à la kommandantur devait me détromper, Durant le trajet de Quéant à Lens, Klaus s'était renseigné sur mes opinions. J'étais déjà

repéré, comme disent nos troupiers. Quand
j'aperçus cet homme court, sanguin, à
l'énorme face bismarckienne, dont les yeux
noirs brûlaient d'une flamme terrible derrière ses lunettes d'or, je me rendis compte
que le fermier aux mœurs relâchées,
faciles, avait disparu : j'avais devant moi
le hobereau prussien décidé à tuer le mauvais chien socialiste que j'étais. Je me
trouvais en face d'un adversaire assuré de
tous les pouvoirs, tandis que je possédais
pour seules armes mon orgueil de Français, ma foi dans notre juste cause.

Dès mon entrée dans son bureau, le
chef me dictait ses conditions.

— Vous écriviez à mes prédécesseurs;
moi, je vous défends de m'adresser la
moindre réclamation. Ah! cela vous dérange? Je vois clair dans votre jeu! Vous
voulez garder trace des correspondances
pour dire plus tard que nous vous avons
maltraités.

— Je me présenterai donc à votre
cabinet.

— Je vous le défends, s'écria-t-il. Attendez une convocation.

— J'attendrai une convocation, fis-je sur un ton d'enfant sage.

Dans mon attitude conciliante, Klaus vit-il une provocation? De ses poings, il frappa la table, violemment.

— Et j'entends être obéi. Je suis un Prussien, moi. Je vous montrerai ce qu'est un Prussien.

Il s'était soudain levé et son gros ventre, que sanglait un dolman gris, porté en avant, les mains derrière le dos, il arpenta la pièce avec une rapidité dont je n'eusse pas cru capable sa corpulence.

— Il paraît que vous êtes socialiste, me jeta-t-il insolemment.

— C'est exact, dis-je.

Il haussa ses lourdes épaules.

— Ils ne valent pas cher, vos socialistes français.

Pourquoi ai-je alors répondu aussitôt, par une sorte de réflexe :

— Nous valons mieux que les vôtres.

Je crus vraiment que Klaus allait m'étrangler ; il tendit vers moi ses mains grasses, agitées de fureur.

— Comment?... Vous dites?

— Ils nous ont trompés, ajoutai-je, ils ont déclaré la guerre.

— Ah ! vous osez répéter ce mensonge !

— Les faits sont là, affirmai-je.

Alors, Klaus, soulevant sa chaise, la renversa sur le tapis.

— Je ne veux pas discuter avec vous. Nous avons trouvé en Belgique des documents contre les Français. Ils sont perdus, perdus...

Je m'échappai sans attendre la fin... Une fois dans l'escalier, j'entendis Klaus grommeler :

— On va bien voir... Je leur montrerai ce qu'est un Prussien.

Il nous le fit voir, en effet. Dès le lendemain, il imposait les mêmes terribles mesures qu'à Quéant : défense de sortir après quatre heures de l'après-midi ; ordre de laisser les portes des maisons ouvertes jour et nuit; aussi les soldats, se sentant soutenus, régnèrent désormais en maîtres dans nos foyers.

Si Klaus coupait vite ses entretiens avec le maire de Lens, il aimait à discourir avec d'autres personnalités, en dandinant son gros ventre et faisant des grâces. Il cherchait, comme à Quéant, à baiser les mains des dames; peut-être rendait-il également de fréquentes visites à la cave aux liqueurs; en tout cas, il laissait la surveillance à l'officier de police Kolb, gendarme sévère, et aux secrétaires employés dans ses bureaux beaucoup d'initiative. De plus, des kommandanturs locales fonctionnaient dans les corons, adressant au chef leurs rapports quotidiens. Les soldats, en assez grand nombre, qui se pressaient dans les pièces du rez-de-chaussée, chez M⁰ Dormion, répondaient volontiers à mes questions. De mon côté, je cherchais toujours à les faire parler. Un jour que j'apportais un papier, un état qu'on m'avait demandé de fournir, je dis négligemment en inspectant le local :

— Ah! vous êtes bien ici.

— Pour sûr, s'exclama une voix. On est mieux qu'aux tranchées. On n'est pas assez bête d'aller se faire casser la gueule.

— Vos officiers ont l'air si contents d'y partir?

— Pour eux, fit un autre, ce n'est pas très dur, vous savez; ils attendent à dix mètres sous terre que les hommes se fassent tuer.

— Comment? Mais ils sont braves, pourtant?

Alors un des soldats se toucha le front :

— Nicht courage; officiers mabouls.

Une autre fois, l'un des scribes s'étant levé, s'approcha de moi.

— Moi socialiste, moi comme vous.

— Ah! vraiment...

— Guerre de capitalistes, monsieur le maire.

— Vos socialistes étaient pour la guerre, fis-je rudement.

Alors le démocrate, baissant la tête,

s'absorba sans répondre dans la compul-
sion d'un dossier.

Ils parlaient des visites des médecins
avec terreur ; ils disaient en tremblant :

— Si l'on nous force à retourner aux
tranchées, il faudra que les officiers vien-
nent avec nous aux premières lignes.

Mais les majors ne demandaient pas leur
avis à ces singuliers soldats et le personnel
de la kommandantur fut, en trois ans, fréquemment renouvelé.

XVI

LE POLICIER ET L'EMBUSQUÉ

Deux hommes trouvèrent cependant le moyen de rester à leur poste, pendant cette longue période : le policier Rosenfeld et M. Charles — on ne l'appelait pas autrement, — sous-officier, qui, pendant plusieurs mois, avait assuré la kommandantur de la fosse 9. C'étaient les loups blancs de Lens, si l'on peut décerner cette épithète candide à ces rusés compères. Tous les habitants de la ville connaissaient le policier Rosenfeld, soit à cause de sa menue silhouette, s'insinuant partout, soit à cause de son chien de police, haut et féroce, qui ne le quittait jamais. Pour quelles raisons mystérieuses ce Rosenfeld échangeait-il, certains jours, son uniforme contre des

10

vêtements de civil? Nul ne le savait.

En tout cas, il était protégé par Klaus, qui, dès son arrivée, avait reconnu son zèle. Pouvait-il en être autrement? La guerre avait révélé à ce soldat sa véritable vocation. C'était un policier-né. En quelques mois il sut tout, sur tout le monde : aussi bien le nombre des bouteilles dans les caves que les sommes d'argent dans les coffres. Renseignements précis, exacts, qu'il me livrait avec orgueil et, devant ma stupéfaction, il ajoutait :

— Ah! cher monsieur Basly, je pourrais vous apprendre bien d'autres choses sur vos administrés.

Il se livrait auprès de la population à un double jeu qui, tout de suite, m'intrigua. Policier aussi avisé qu'impitoyable, tout ce qu'il surprenait, était immédiatement rapporté à la kommandantur et ses rapports firent découvrir non seulement des bouteilles dans les caves, mais aussi des hommes, des jeunes gens cachés depuis l'invasion. Et, en même temps qu'il exerçait son abominable métier, Rosenfeld le maudissait, protestait de son amitié pour la France, de son dévouement pour les Lensois.

Le gaillard me répugnait : un jour qu'il lançait devant moi ses tirades, je lui dis à brûle-pourpoint :

— Quel homme êtes-vous donc? Si cet espionnage vous déplaît, pourquoi le faites-vous?

— Eh! me dit-il, je pense à mon retour en Allemagne, quand la paix sera signée. J'étais avant la guerre un petit employé qui crevait de faim, sans espèce d'avenir. Je ne veux plus de mon ancienne place. Alors, mes chefs m'ont déjà promis un emploi dans la police à Berlin. Ils disent que j'aurai de l'avancement. Il faut que je mérite leurs recommandations.

— Parfaitement, répondis-je. Mais je ne m'explique pas vos flatteries vis-à-vis de nous.

— Ah! ça, cher monsieur Basly, c'est tout à fait autre chose. Écoutez-moi bien. Je suis sûr que nous resterons prisonniers

dans Lens; alors, je veux être bien avec
les habitants.

Bel exemple d'outrecuidance allemande !
Pourtant, si Rosenfeld avait voulu connaître exactement les sentiments des Lensois à son égard, il n'aurait eu qu'à poster
son oreille contre n'importe quelle porte,
huit jours plus tard. Il aurait entendu le
dialogue suivant :

— Savez-vous où est tombé hier à midi
l'obus qui a fait tant de bruit?

— Non, dites vite.

— Ah! vous allez être trop content!

— Il est tombé sur la kommandantur?

— Oui.

— Il a tué Klaus?

— Pas tant de bonheur, mais enfin...

— Allons, dites?

— Eh bien, il a tué le chien de Rosenfeld et démoli son poulailler.

— C'est vrai?

— Je vous le dis.

— Ah! quelle chance! La crapule, ce
qu'il doit rager!

— Hein, pour une bonne nouvelle, c'en est une !

— Je vous crois. Ah! les braves Anglais !

Quinze jours après, le policier Rosenfeld arborait la croix de fer.

M. Charles, lui, n'avait pas à la kommandantur de situation bien définie. Joli garçon de trente-cinq ans, passant son temps à lisser ses fines moustaches, toujours en quête d'aventures, il s'occupait des permis de circulation. Klaus avait exigé que toute personne se déplaçant : recherche de travail, visite à un parent malade, nécessité d'assister à des obsèques, fût accompagnée d'un soldat. Le laissez-passer obligatoire coûtait un ou plusieurs marks, suivant les distances, sans préjudice d'une somme de 2 fr. 50 pour la journée de l'Allemand et de sa nourriture, qu'il fallait assurer. Étant soumis à la règle commune, M. Charles s'offrit à jouer le rôle de cornac auprès de moi, dans mes voyages. Comme il s'exprimait en français avec une surpre-

nanté aisance, j'acceptai. Autant celui-là
qu'un autre, tous étant également odieux.

Au cours de nos randonnées à travers
la région, je fis plus ample connaissance
avec M. Charles. Perpétuellement à la
recherche d'un cotillon et d'une bouteille,
il dissimulait sous sa gaieté prétentieuse
de commis à bonnes fortunes une plaie
secrète. A notre premier voyage, dès
qu'il ne se sentit plus surveillé, il l'étala
sous mes yeux.

— Monsieur le député, me demanda-t-il
avec un sourire gêné, croyez-vous que je
reverrai jamais Paris?

— Dame, ce n'est pas probable! dis-je
brusquement.

— Non vraiment, vous ne le croyez pas?
Quel malheur! C'est une si belle ville, je
l'aimais tant, je l'aime tant, si vous saviez!

— Vous l'habitiez sans doute?

— Oui, oui; j'avais ce bonheur, monsieur Basly.

— Quelle profession exerciez-vous?

— J'étais inspecteur dans une compagnie d'assurances.

— Eh bien, il faut perdre tout espoir à ce sujet, fis-je, heureux de voir son visage pâlir, se crisper.

— Ah! j'aurais tant voulu... La France est un si beau pays; elle aurait dû s'entendre avec l'Allemagne.

— Ah! vous croyez? fis-je en souriant.

Cette fois, il n'insista plus; mais, à chaque voyage, j'entendais, non sans plaisir, ses mêmes regrets, ses mêmes plaintes.

Un jour, sitôt assis dans la voiture qui nous emmenait, M. Charles me dit :

— Monsieur le député, j'ai pensé à quelque chose. Vous pourriez m'aider.

— Voyons ça...

— J'ai préparé un projet relatif aux indemnités de guerre que l'Allemagne devra payer pour ses dégâts. On pourrait se baser, à mon avis, sur les assurances des propriétés bâties. C'est ma partie. Je servirais bien d'expert.

— A quoi cela peut-il vous mener?

— Mais on nommerait sûrement une commission qui siégerait à Paris. Cela me permettrait d'y revenir. Vous comprenez?

— Je comprends, monsieur Charles.

Et je descendis de l'auto, sans ajouter d'autre réflexion ; nous étions arrivés.

De pareils comparses, doués d'une aussi contestable moralité, devaient nécessairement accueillir sans embarras les ravitailleurs criminels et les prostituées. Ce rez-de-chaussée, où vivaient pêle-mêle les secrétaires, la basse police, les poules volées et des marchandises arrachées le revolver au poing, représentait assez exactement la mentalité de la maison.

Comme chef, un gros fermier prussien, saoulé de haine et d'alcool.

Tels étaient les maîtres de l'heure !

XVII

L'AMÉRIQUE A NOTRE SECOURS

Naturellement, les ravitailleurs ne se tinrent pas pour battus; ayant trouvé dans Klaus un appui, leurs exigences et leurs outrages recommencèrent avec plus d'entrain que par le passé. Mais j'étais bien décidé, de mon côté, à ne rien céder de mes prérogatives. Comme les voitures chargées de denrées devaient passer devant la mairie, je les guettais, les forçais de s'arrêter et mes employés saisissaient la part de la ville. Lorsque les ravitailleurs se rebellaient, causaient quelque scandale, j'allais me plaindre — sans aucun espoir — à la kommandantur. Avec une colère qui nouait de grosses veines à ses tempes, leur protecteur me répondait invariablement :

— Pourquoi les embêtez-vous? Vous serez bien content, quand ils n'apporteront plus rien.

En réalité, ce gros mangeur, amateur de nos crus, dont les joues empourprées, les yeux débordant des paupières attestaient les digestions laborieuses, aurait éprouvé une joie satanique à nous voir tous mourir de faim. Cette impression, que j'emportais à chacune de mes visites, je la ressentis plus vivement encore, un matin où Klaus m'apostropha d'un ton furieux :

— Eh bien, vous n'allez plus vous plaindre, je suppose, maintenant que l'Amérique vous donne à manger!

Son accent aigre-doux soulignait sa déception; j'avais effectivement entendu parler de ce projet; mais je répondis comme un homme surpris, hébété :

— L'Amérique?

— Oui, l'Amérique; mais je vous avertis, je surveillerai cela.

Je me gardai bien de laisser voir ma

joie; mais en traversant la grand'place, mon cœur sautait contre mes côtes. J'aurais voulu crier à tous les Lensois la bonne nouvelle. L'Amérique venait à notre secours; elle avait entendu nos appels. Nous n'étions plus seuls. Des amis lointains venaient vers nous, les mains chargées de vivres et de consolations! Et puis, mon quatuor de voleurs allait baver de rage; cette pensée aussi me faisait plaisir.

Mais Klaus avait dit : « Je surveillerai cela. » Il devait tenir parole. J'allais connaître les derniers raffinements de la méchanceté prussienne. Nos ravitailleurs, qui se transportaient chaque lundi à Carvin, où l'on avait créé le dépôt central de la région, ne faisaient-ils pas concurrence aux amis de Klaus? Nécessairement, le commandant allait prendre le parti des affameurs. Ah! les ravitailleurs chargés de convoyer les denrées américaines eurent du mérite!

D'abord on chercha, par mille formalités administratives, à les empêcher de partir : prix exorbitant des laissez-passer, réquisition de leurs chevaux à la dernière minute, etc. Toutes ces avanies s'étant heurtées à l'inflexible volonté de braves gens, on leur imposa la surveillance de soldats, montés sur les voitures; en route, des gendarmes les arrêtaient, les fouillaient, les ramenant parfois jusqu'à la kommandantur de Lens pour les inspecter de nouveau.

Entêtés dans leur tâche, les ravitailleurs l'accomplirent jusqu'au bout, en dépit de toutes les embûches, nous rapportant des barils de saindoux, des caisses de biscuits, des poissons fumés, des sacs de farine, toutes provisions qui nous manquaient depuis longtemps.

Que les Américains reçoivent ici, solennellement, les hommages reconnaissants du maire de Lens : c'est à cause d'eux que mes concitoyens n'ont pas eu faim !

Des semaines passèrent, un jour le policier Rosenfeld apporta un nouvel ordre de la kommandantur; celle-ci exigeait que vingt personnalités de la ville, dont elle donnait les noms, fussent, le lendemain, à cinq heures du matin, devant la mairie, prêtes à partir, avec 50 kilogrammes de bagages.

Qu'est-ce que ce renvoi signifiait? Où comptait-on expédier ces habitants honorables, paisibles? Quelles fautes avaient-ils commises? Rosenfeld, devant nous, clignait malicieusement ses petits yeux fureteurs. Sûrement, il savait quelque chose.

— Pour quel motif les fait-on partir? lui dis-je d'un ton brusque.

— Eh! c'est peut-être qu'on ne veut pas les avoir ici, fit-il évasivement.

Et, sans ajouter d'autres explications, il s'éclipsa.

C'était la vérité : M. Fougerolle, ingénieur des mines, M. Schmidt, architecte, connaissaient toutes les fosses, ils pouvaient dresser des plans; mon garde du marais, lui, se promenait trop; l'abbé Plaideau parlait couramment l'allemand; les voyages de M. Renard, quincaillier, et de M. Spriet les avaient rendus suspects.

On les éloignait.

Le surlendemain, à l'heure dite, on les fit monter dans des voitures de ravitaillement. Je reverrai toujours leurs visages abattus par le chagrin et crispés d'angoisse ; seul, l'abbé Plaideau fumait sa pipe, en philosophe.

Et ils nous quittèrent. Où les emmenait-on ? Quelles souffrances les attendaient ? Si les Allemands écartaient ainsi les clairvoyants, les gêneurs, c'est qu'il se tramait dans l'ombre quelque chose... Quoi ? Nous allions bientôt être fixés.

DEUXIÈME PARTIE

I

DES CANONS DANS LA VILLE

Jusque-là, Lens pillée, saccagée, avec ses quartiers écroulés, ne nous avait pas été complètement ravie... Les Allemands avaient outragé nos foyers, envahi nos écoles, transformé la cité en un immense camp en armes, mais nous continuions à respirer l'air de notre ville, à jouir de la lumière sur les pauvres pierres, les caressant, les réveillant à nos yeux.

Cette dernière joie, nous allions la perdre. Une vie souterraine, une existence de demi-morts nous guettaient.

Désormais nous fûmes enterrés vivants!.

Enterrés vivants! C'était une torture qu'ils nous réservaient depuis quelques jours. Dès lors, ils nous enfermèrent dans nos maisons, nous y tinrent murés comme dans des tombes. Deux heures de liberté seulement, chaque matin, pour acheter des provisions, à la hâte; ensuite, la réclusion imposée, l'emprisonnement dans les caves. Tel était notre sort misérable. Des enterrés vivants! Oui... Mais au lieu de sentir autour de nous le calme d'un cimetière, cette grande paix des choses qui prépare l'autre définitive, des bruits sourds, étranges, roulaient, éclataient au-dessus de nos têtes, nous étreignant le cœur.

Que se passait-il? Cela me rappelait des explosions de grisou; j'avais l'impression qu'on faisait sauter certains quartiers à la dynamite. Pauvre Lens, comment allais-je la retrouver? Mais autour de moi, la confiance avait vite remplacé l'effroi; pour tous, les canons anglais, s'étant rapprochés, tiraient sur la ville. Les braves gens!

Ils avaient si fort enracinée au fond de leur être cette croyance à la victoire qu'après deux années d'oppression, c'était toujours ce mot de délivrance qui montait le premier à leurs lèvres.

Cependant, il se passait quelque chose de nouveau, de jamais entendu. Les chaussées des rues gémissaient sous le poids des lourds charrois; des fers de chevaux cognaient les pavés; des transports s'effectuaient, accompagnés d'équipes, à des heures régulières. Les Allemands entreprenaient un travail, mais lequel?

— Ils se sentent perdus, me dit un voisin; mais avant de partir, ils posent des mines pour nous ensevelir avec eux.

— Ne croyez-vous pas qu'ils préféreraient se sauver? répondis-je avec tristesse.

D'ailleurs, les Allemands nous renseignèrent eux-mêmes sur leur état d'esprit. Tandis qu'au fond de nos repaires nous échangions nos impressions, tour à tour confiantes et désolées, un orchestre lançait quelque marche joyeuse, les rues désertes s'animaient un instant, secouées par les sons de tambours et de cuivres. Puis c'étaient en même temps des appels de cloches, des carillons effrénés, jetant dans le ciel leurs ondes d'allégresse.

— Qu'est-ce qu'il y a? se demandaient les Lensois, est-ce que les Anglais reculeraient?

Mais le doute durait le temps d'un éclair; tout en nous s'insurgeait, protestait. Nous allions bientôt gagner la partie; la France devait avoir raison. Dans nos cachots, l'espoir continuait à luire et rien, aucun outrage, aucun supplice, ne pouvait éteindre cette lumière.

Comment avons-nous été renseignés? Quels furent les porteurs de nouvelles? En y réfléchissant aujourd'hui, je cherche en vain des figures, des noms. Qui donc nous avertit, alors que personne ne pouvait sortir? En tout cas, nous apprîmes ceci : pendant notre incarcération, les Allemands avaient posté des canons en divers endroits; derrière le jardin de M. Reumeaux, à la Maison Syndicale, dans la prairie de M. Taquet, à côté des écluses du canal et dans les cités 11, 12 et 14. Des canons! Pour les installer, ils avaient fait sauter des maisons, creusé d'énormes trous, afin de dissimuler leurs pièces. Lens devenait une place fortifiée, nous étions désormais au centre de la bataille, nous vivions en plein feu, jetés comme des bûches dans un brasier.

— C'est que les Anglais approchent; notre martyre est fini, entendait-on autour de soi.

Nous ne pensions pas un instant aux averses d'obus qui, fatalement, pour détruire ces emplacements d'artillerie, allaient pleuvoir sur nous. D'après nos conjectures, les Allemands ne pouvaient plus attaquer; ils avaient changé de tactique, réduits à la défensive. Cette pensée nous soutint, sans une minute de défaillance, jusqu'au bout de nos épreuves. Et quelles épreuves! Notre vie ne se passa plus que dans un tintamarre effroyable et ceux-qui sont revenus de l'enfer de Lens se demandent par quel miracle ils ont pu s'en échapper sans y laisser leur raison.

D'abord, sous les sifflements des obus, la ville gronda, vacilla dans un continuel tremblement de terre, toutes les vitres tombèrent, les tuiles des toits s'envolèrent, pareilles à des cartes à jouer dans un courant d'air. Naturellement, l'artillerie anglaise répliqua, chercha les pièces allemandes avec une ténacité meurtrière. Et les maisons se mirent à sauter ainsi que des copeaux sous une varlope.

Ceux qui s'étaient toujours refusés, comme ma femme et moi, à coucher dans leur cave, durent s'y résigner ; la nécessité nous y contraignait. Un obus tombé sur un mur de notre jardin avait éclaté, sans causer d'autres dégâts que d'arracher des briques ; mais un second devait, quelques mois plus tard, traverser la salle à manger, briser tous les meubles. Nous descendîmes des matelas et des tables dans le sous-sol.

Entre de froides murailles, dans des réduits humides, difficiles à chauffer, les Lensois se confinèrent. Et c'est à ces moments-là, lorsque de terribles dangers vous menacent, vous pressent, qu'on éprouve le besoin de vivre en commun, de se rapprocher de ses semblables; on se sent moins misérable, presque rassuré, devant une présence humaine.

A coups de pioche, nous pratiquâmes de larges brèches dans nos caves, afin de communiquer avec nos voisins. Dans les vieux corons où toutes les maisons se touchent, on circula d'une extrémité à l'autre de la cité. Autour d'un café bouillant — notre épicerie s'efforça de n'en jamais manquer — on se réunissait à midi, le soir, quand on se trouvait seuls, ce qui était rare, car au supplice d'être emprisonnés s'en ajoutait un autre : l'ennemi était là, assis à la table familiale ou vaquant à nos côtés.

Lorsque les Lensois occupaient leur maison tout entière, c'était déjà, chez eux, une sensation de souffrance, de gêne, de colère surtout, de voir leur foyer souillé et la meilleure chambre, le meilleur lit pris par quelque meurtrier, pillard, incendiaire. Qui sait? L'hôte absent, le père ou le fils, les deux peut-être, avaient été blessés ou tués par cet inconnu qui lisait à la lueur de la lampe, de cette même lampe qui les avait éclairés, eux, les bien-aimés! Mais la torture devenait insoutenable lorsqu'on ne pouvait faire un geste, lever les yeux, sans se sentir observés, épiés, guettés par une bouche méchante ou, ce qui était pire, attentionnée.

Cette promiscuité poussait des femmes à des actes fous; elles préféraient s'échapper, sortir, risquer d'être tuées par un obus, plutôt que de rester là, face à face avec cet étranger rusé, brutal. Et si l'on veut comprendre jusqu'à quel degré d'horreur pouvait descendre cette angoisse, il faut ajouter que les projectiles coupant fréquemment les câbles électriques, une obscurité cruelle éteignait les lampes, envahissait les caves, telle une eau noirâtre, perfide.

Et combien de crimes furent tentés dans l'ombre complice !

Les soldats allemands, qui logeaient avec les habitants dans la même cave, jetaient, par instants, un regard effrayé au plafond du logis commun et disaient :

— Si obus tombe ici, tous kapout !

Ils ajoutaient, sur un ton furieux, dépité :

— Simple soldat mort, nicht importance. Officiers, belles caves, solides.

Ils disaient la vérité ; nous n'avions pas le droit d'améliorer notre prison, de la rendre moins vulnérable. Eux non plus, du reste, tandis que leurs officiers... En voyant ceux-ci partir à la chasse des caves, je pensais aux réflexions des secrétaires de la kommandantur : « Au front, nos chefs ne craignent rien ; ils se tiennent dans une chambre à six mètres sous terre. » C'était cette chambre-là qu'ils cherchaient, explorant inlassablement les sous-sols des maisons et des magasins.

Quand leur choix était fait, ils déménageaient de leur habitation lits, tapis, pianos, appareils électriques pour meubler leurs appartements souterrains. Par hasard trouvaient-ils occupée une cave à leur convenance? Ils la faisaient évacuer sur-le-champ sans tenir compte de la situation, de l'âge des personnes; j'avais ordre de caser ces pauvres gens — dont beaucoup étaient riches; — je les installais dans des maisons vides, à demi détruites par les obus, dont je faisais boucher à la hâte les énormes trous, à l'aide de planches.

Les officiers ne pénétraient dans leur nouveau logis qu'une fois celui-ci mis en état de défense, ce qui n'était pas une petite affaire. Mais l'armée possédait un spécialiste, un architecte, le lieutenant Weber, petit homme bavard, mielleux, soucieux d'être en bons termes avec tout le monde. Il dirigeait la fortification des caves. Une compagnie de travailleurs le suivait partout et sitôt que le chef avait

désigné une maison, le personnel opérait.
Je vois encore ces ouvriers d'occasion :
des hommes, des enfants ramassés dans la
ville, amenés de force aux chantiers et
dont je réglais les salaires.

Une équipe apportait des pavés, des
morceaux de grès arrachés aux chaussées,
aux trottoirs; une autre déchargeait d'un
lourd camion des rails de chemin de fer;
une troisième malaxait du béton. Une fois
ces préparatifs faits, des hommes enfon-
çaient les rails, parallèlement, dans les
murs de la pièce surmontant la cave ; ensuite, on étalait sur le plancher une couche
de maçonnerie, par-dessus des pavés, le
tout recouvert encore de béton. A partir
de ce moment, les officiers s'aventuraient
dans leurs caves. Ils pouvaient y dormir,
manger à leur aise, reprendre leurs noces
de l'*Hôtel des Voyageurs*, interrompues par
les obus anglais. Dans les sous-sols, les
fêtes leur parurent plus réussies encore
qu'ailleurs; il y régnait une atmosphère
secrète, clandestine qui les ravissait. Et

puis, dans les vastes caves de leurs « casinos », c'était ainsi qu'ils les nommaient, on pouvait accumuler les tonneaux de bière. La bande joyeuse pouvait aussi ronfler sur place, effondrée sur les tapis volés.

II

LA CHASSE A L'HOMME

J'aurais dû m'y attendre !

Rosenfeld, cette petite canaille, m'avait dit à plusieurs reprises, avec un mauvais sourire de coin :

— Il reste encore de l'or dans les maisons.

Je répondais vivement :

— Vous avez tout pris !

C'était vrai, les autorités allemandes ayant menacé de châtiments terribles les Lensois qui n'apporteraient pas leur or à la kommandantur, les pièces avaient filé vers leurs coffres. Mais Rosenfeld reprenait d'un ton gouailleur :

— Vous savez, en cherchant bien, mon

cher monsieur Basly, on trouverait aussi autre chose.

— Qu'est-ce que vous allez inventer?

— On trouverait des hommes mobilisables qui se cachent depuis deux ans et demi, ajoutait-il.

Je répliquais invariablement, avec un sourire forcé :

— Oui! c'est votre marotte, caporal Rosenfeld : vous pensiez aussi que je cachais mon fils.

Il s'en allait, hochant la tête d'un air méfiant, dépité dans son amour-propre qu'on lui rappelât une de ses gaffes. Pendant longtemps, Rosenfeld s'était figuré que mon fils Marcel vivait à Lens. Il avait perquisitionné chez moi, par trois fois, puis fouillé la sacristie de la cathédrale et, ce qui était pire pour son flair professionnel, — mais cela il l'ignorait, — il avait effectué des recherches dans une maison où précisément, sous un tas de fagots recouverts de terre, se dissimulait un Lensois, fort gaillard de moins de quarante ans, qui s'était juré de ne jamais travailler pour les Allemands.

Pourtant, le policier Rosenfeld était bien renseigné. Depuis le 4 octobre 1914 — nous étions au milieu de 1916 — des Français non encore appelés à cette époque par la mobilisation, mais dans toute la force de l'âge, vivaient chez eux, sous des charges de branchages ou de sable, comme des sauvages guettés par des tribus ennemies. Deux ans et demi de tortures stoïquement supportées pour ne pas voir un Allemand, ne pas subir sa présence, sa volonté.

Je connaissais les noms de ces martyrs, c'étaient leurs femmes qui me les avaient confiés, par nécessité d'ailleurs, car il fallait les nourrir, faire leur part à la boulangerie, à l'épicerie. J'avais dit à ces femmes :

— Ne dites votre secret à personne. Rendez-moi les cartes de vos parents. Je les raye de nos listes fournies à la kommandantur. Pour tous, ils sont morts,

Mais je vous donnerai leurs rations.

Et ces morts mangeaient, grâce à ce stratagème pourvoyant à leur existence, misérable, héroïque.

Jusqu'à ce jour, un très petit nombre avaient été découverts, mais depuis que nous vivions dans les caves, Klaus, renseigné sans doute par des soldats, plus mêlés désormais à notre vie, multiplia les perquisitions sous prétexte de rechercher des bicyclettes, des pigeons voyageurs.

Alors, sous la conduite de Rosenfeld, les policiers opérèrent, des soldats en armes firent brusquement irruption dans les rues, cernèrent les maisons, décidés, féroces, un doigt sur la gâchette de leur fusil, prêts à tirer sur l'habitant qui tenterait de fuir. Sans prendre garde aux gémissements des femmes, aux cris des enfants, les soudards bouleversaient tout, souillant, brisant le mobilier, avec un entrain démoniaque. Mais quels ricanements de triomphe quand, sous un paquet de loques, de brindilles de bois mort, ils découvraient un pauvre être exsangue, presque agonisant!

Nous tremblions pour nos amis.

Lorsque je voyais Leclerc, mon appariteur, sortir de la mairie les poches bourrées de vivres, je lui disais :

— Faites bien attention; un jour ils vont vous suivre.

— Bah! ils sont trop bêtes, s'écriait-il.

Je savais où il se dirigeait. Bravement, chaque jour, Leclerc passait devant la kommandantur pour porter ses provisions à un commerçant de Lens qui ne s'était plus montré depuis l'arrivée des Allemands.

Nous attendions avec impatience le retour de Leclerc; quand il reparaissait, nous lui demandions :

— Comment va-t-il?

— Il est malade, maintenant qu'il ne peut plus faire un pas.

— Ah! le malheureux!

Le même cri de pitié jaillissait de nos poitrines. Bloqués dans leurs caves par les bombardements, les prisonniers ne pouvaient plus s'échapper de leur tombe, ni monter dans leur jardin ; aucun repos n'interrompait leur supplice.

Et ce furent précisément les obus qui, démolissant leurs cachots, libérèrent ces hommes, ces spectres ! La terrible vision ! Ces êtres que nous avions connus alertes et joyeux de vivre, surgissaient devant nous, hâves, décharnés, avec des yeux brûlants de fièvre dans des visages hébétés. Quelques-uns, à peine âgés de quarante ans, avaient maintenant des cheveux gris ; beaucoup tremblaient comme des vieillards. D'autres pleuraient de faiblesse ainsi que des enfants. Leurs longues épreuves et les bombardements qu'ils venaient de subir leur avaient fait perdre toute notion de temps, de lieu ; ils gémissaient :

— Où sommes-nous ?

Puis ils retombaient dans un mutisme de déments.

Que de drames poignants, inracontables

nous furent révélés lors de nos visites à ces tombes ouvertes ! Il y avait des hommes blessés, malades depuis longtemps et qui, par crainte d'être pris, n'avaient osé réclamer le médecin. Nous découvrîmes des morts dont les lèvres serrées révélaient la résolution farouche.

Tous les prisonniers immédiatement saisis par les policiers de la kommandantur étaient dirigés sur un hôpital, si leur état l'exigeait, ou sans retard envoyés dans les geôles allemandes.

Klaus me faisait venir après chaque « prise », m'accusant de l'avoir trompé; innocemment, je lui montrais mes registres en règle, où les réfractaires ne figuraient point.

III

LE VEILLEUR

La kommandantur exigeait un rapport
quotidien sur les bombardements, avec les
noms et la qualité des victimes; renseignements utilisés par la *Gazette des Ardennes*, qui donnait dans chaque numéro la
liste des « assassinats » commis par les
Anglais. Nous n'étions pas dupes de cette
hypocrite pitié. Une seule chose importait,
c'était de relever au plus vite les blessés,
les agonisants, atteints dans la rue ou dans
l'ombre de leurs caves. Or, à peine un
éclatement avait-il frappé, déchiré la ville
déjà pantelante, qu'un homme s'échappait
de la mairie, courant dans la direction de
l'averse infernale, passant sous elle, sans
la voir, emporté par la passion de se dé-

vouer, les bras tendus comme un saint
Vincent de Paul vers la douleur humaine.

Et ce saint, cet homme héroïque, le
père Dilly, était un pauvre poseur de carreaux, peintre et colleur d'affiches, père
de cinq enfants.

Quand on le voyait saisir sa civière,
appeler un aide, d'une voix brusque,
pressée, nous lui disions :

— Attendez un instant.

Mais il ne pouvait rester en place; il
s'élançait dans la rue tout seul. S'il tremblait, c'était de crainte d'arriver trop tard.
Calme, tranquille, sous les pires bombardements, il couchait un blessé sur son
brancard comme s'il étalait du mastic sur
les bords d'une vitre neuve, sans plus se
dépêcher.

S'il jugeait la victime intransportable,
le père Dilly, suivant d'un pas égal son
petit bonhomme de chemin, se rendait
chez le docteur Emery, aussi brave, aussi
téméraire que lui. Alors, sous les sifflements des obus, le vitrier éclairait le pa-

tient avec une mauvaise lanterne et le praticien procédait à l'opération urgente, sortait ses paquets d'ouate, déroulait ses bandes. Les deux héros retournaient ensuite chacun à son poste : le chirurgien à l'hospice, le père Dilly à la mairie.

La nuit, quand les Lensois étaient jetés à bas de leur lit par quelque explosion, ils attendaient un instant, le cœur battant d'émotion, puis s'endormaient, confiants, en murmurant :

— Le père Dilly veille sur nous.

Cependant, malgré le dévouement de ces hommes, les morts se multipliaient. Il ne se passait guère de jour qu'au seuil de notre cave chevrotât la petite voix cassée du crieur public. Elle disait : « Vous êtes prié d'assister aux obsèques qui auront lieu demain, de monsieur…, de madame… ou de mademoiselle… » Une parente, un ami ou bien un enfant qu'on avait vu jouer autrefois sur la grande place s'en allait sans avoir vu luire l'aube du grand jour !

Mais pour accompagner une dernière

fois un être cher, il fallait donner son nom à la mairie, la veille de la cérémonie, avant cinq heures. La liste était portée par mes soins à la kommandantur et l'autorisation — nous devons le reconnaître — était généralement accordée. Les enterrements avaient lieu à sept heures du matin. Le triste spectacle que celui de ces funérailles de guerre! A travers la ville en ruines, toute fumante des incendies allumés par les obus, la voiture avançait en cahotant, car les Allemands avaient enlevé les pavés des chaussées par places.

On marchait par groupes serrés, silencieux, en songeant : « A qui le tour demain? » Subitement, sur le pont du canal, avant de pénétrer dans le cimetière, des gendarmes faisaient un geste impérieux de la main. Le cortège s'arrêtait. On inspectait nos papiers. Les personnes qui n'étaient pas pourvues d'autorisation ne pouvaient passer. Les autres arrivaient au cimetière ; là, le temps nous était mesuré ;

les soldats veillaient, en armes, entre les
demeures de nos morts.

Mais nos geôliers avaient beau crier
des menaces, il se trouvait toujours des
femmes pour s'échapper, aller s'agenouil-
ler sur les tombes de nos soldats, jeter sur
elles de pauvres fleurs, arrachées dans
leurs jardins, vrais jardins de l'enfer, taraudés, déchiquetés par les projectiles.

En revenant, nous lancions des regards
vers le cimetière allemand, si vaste, avec
sa déesse de la guerre, aux ailes éployées,
gardant l'entrée, et nous remarquions :

— Comme il s'est rempli depuis la dernière fois!

Les manifestations que chaque enterrement occasionnait au cimetière surpre-
naient, irritaient les Allemands. Après
deux ans et demi, ils trouvaient devant
eux une population affligée, mais vaillante
comme au premier jour. D'où nous venait
cette foi, cette miraculeuse espérance? Au
fond de nos âmes se cachait une force
inconnue, plus résistante que toutes les

armes. Ils résolurent de l'abattre et, pour atteindre leur but, les Allemands reprirent leur méthode terroriste, commettant de nouveaux crimes. Mais, cette fois, ils les assaisonnèrent d'une mise en scène romantique, afin de mieux frapper l'imagination populaire.

Il s'agissait seulement de trouver des coupables ; Rosenfeld et sa bande s'en chargèrent. Un jour, dans un coron, à Pont-à-Vendin, des soldats s'emparèrent d'un ouvrier, un jeune homme de dix-neuf ans, qu'ils ligotèrent et conduisirent sous bonne escorte à la kommandantur de Lens.

— Qu'est-ce que j'ai fait ? criait le garçon en se débattant. Laissez-moi !

En route, les soldats se détournaient, le faisaient avancer à coups de poing sur le visage ; l'ouvrier saigna ; les assassins se mirent à rire en regardant leurs mains rouges.

À la kommandantur, les soldats firent leur déposition : le jeune homme avait tiré sur eux. Où se trouvait l'arme? Ils ne l'avaient point cherchée. La balle ne pouvait-elle pas provenir des tranchées proches? Ce n'était point leur affaire. Le criminel était là; ils l'affirmaient sous serment.

— Mais je n'ai pas de fusil! cria le petit.

L'officier de police, sans même interroger la victime, leva simplement la tête.

— Quelle est votre religion? demanda-t-il.

— Catholique.

— On va vous donner un prêtre.

Tout était préparé depuis longtemps; les comparses savaient leurs rôles; les accessoires n'étaient pas loin. Sur un signe du lieutenant, un aumônier allemand parut; il appela le jeune homme qui, docilement, le suivit dans un local proche; tous deux demeurèrent enfermés quelques instants.

Lorsque le condamné sortit, il s'arrêta tout d'un coup, tremblant, le visage convulsé. Sous ses yeux hagards, s'allongeait une grande boîte vide : son cercueil.

— Je n'ai rien fait, je n'ai rien fait, gémissait-il.

Alors l'étrange prêtre qui l'avait confessé cria :

— C'est un menteur ! Un menteur !

On poussa l'ouvrier à coups de crosse et le cortège se mit en marche ; deux soldats portaient le cercueil vide, à côté du jeune homme. On le fusilla dans la cour de la gare.

Le lendemain, un vieux mineur d'Angres, accusé d'outrages envers un soldat qui lui volait ses groseilles, marchait à la mort avec le même funèbre cérémonial.

IV

L'ASSASSINAT DE L'INSTITUTRICE

Si par leurs scénarios macabres les Allemands s'imaginaient nous tenir, ils se trompaient ! Au fond de nos caves, de nos tombes, nous accueillions chacun de leurs crimes par le même cri :

— Ah ! les bandits !

Un âpre goût de vengeance agitait nos lèvres.

— Ils le paieront cher, les canailles !

Dans notre haine, nous puisions des forces nouvelles. Mais à peine étions-nous remis des sinistres promenades de cercueils qu'une nouvelle étrange circula. Une institutrice, Mlle Pruvost, avait disparu ; ses compagnes, des amis, la cherchaient en vain depuis quelques jours. On ne s'entretenait plus que de ce mystère, et naturellement les opinions les plus contradictoires avaient libre cours.

— Elle a réussi à se sauver, disait l'un.

— Ils la tiennent séquestrée dans un de leurs casinos, soutenait un autre.

— Ils l'ont assassinée, répliquait un troisième.

Je ne disais rien, mais je croyais au crime. Demeurant avec sa sœur et une autre institutrice, la jeune fille avait une conduite exemplaire. Tout soupçon à ce sujet devenait une grave offense. Si, par hasard, elle ne rentrait pas directement chez elle, après ses heures de classe, c'est qu'on l'avait chargée de surveiller une maison inhabitée; elle y passait chaque jour. C'est tout ce que nous savions. A la mairie, où Mlle Pruvost était connue, appréciée, il nous arrivait fréquemment de parler du drame; selon nous, les mains allemandes avaient dû laisser des traces de sang; mais où? Un jour que nous causions de l'affaire, dans la salle de l'état civil,

Leclerc entra, tremblant, la gorge convulsée :

. — Je l'ai vue, s'écria-t-il en s'effondrant sur une chaise.

Nous avions tous compris; il s'agissait d'elle, de la « morte ».

— Eh bien? fîmes-nous, plusieurs ensemble.

— Noyée, répondit-il, la tête enfoncée dans un baquet rempli d'eau.

— Où cela? demandai-je.

— Dans la maison qu'elle gardait.

Et Leclerc ajouta :

— Il y a un poste de soldats dans un hangar voisin.

Le crime était évident; je me rendis sur-le-champ à la kommandantur. Klaus m'écouta avec impatience, et me dit sèchement qu'il se chargeait de l'enquête. Un juge de paix — un Français — procéda aux constatations d'usage, mais, seule, la kommandantur eut connaissance de ses conclusions... et l'affaire fut classée.

V

LES ÉCOLIERS DE LA GUERRE

Chaque fois que je rendais visite à Klaus, au sujet du meurtre de Mlle Pruvost, je sortais de la kommandantur les poings serrés de fureur. Comment avais-je pu me posséder jusqu'ici? J'avais peur qu'un jour... L'hypocrisie de ce gros Prussien m'indignait plus encore que sa cruauté. Il avait repris à Lens son ton mielleux de Quéant. Appelant les femmes : mes petites chattes, il s'érigeait leur protecteur, me reprochant mon inhumanité envers elles.

— Ne faites donc pas semblant de vous intéresser à vos institutrices. Par votre entêtement, me disait-il, elles finiront toutes par être tuées ou blessées.

— Ou assassinées, ajoutai-je.

— Ne répétez pas cela, s'écria-t-il en marchant sur moi.

— Dame! vous m'accusez...

— Je dis, répétait Klaus d'une voix forte, avec un accent déclamatoire, que vos institutrices devraient être évacuées.

— Puisqu'elles refusent.

— Vous devriez les y contraindre.

— Ce n'est pas notre méthode.

Je sortais vite, car nos entretiens tournaient mal. Dans la rue, je murmurais, les dents serrées : « La brute! la brute! Ne va-t-il pas me donner des leçons maintenant? » Mais aussitôt, je pensais : « S'il avait raison? En somme, ai-je le droit de garder ces femmes? » Un obus en tombant sur l'Alcazar, où se distribuait le pain, avait blessé deux institutrices. N'aurais-je pas dû formuler une demande d'évacuation pour les autres, sans tenir compte de leur refus?

Maintenant que nous étions réduits, à cause des bombardements, à une activité de termites, les institutrices continuaient dans l'ombre leur apostolat; nous possédions vingt-six écoles souterraines.

Mais les élèves méritaient autant d'admiration que les maîtresses. Nos écoliers de la guerre, comme ils étaient braves ! Pour se rendre en classe, ne devaient-ils pas porter leur sac, comme des soldats, sous les sifflements des obus? Dans ces sous-sols sombres, éclairés de mauvais quinquets, il fallait les voir, si sages, si désireux d'apprendre. Certains jours, je venais leur dire : « Ces années de malheur ne doivent pas être perdues; travaillez bien, malgré toutes les difficultés présentes. La France aura besoin d'hommes instruits. » Et j'ajoutais : « Souvenez-vous qu'il faut vivre dans l'espérance ! »

Alors, les maîtresses s'assuraient qu'au-dessus de la cave les Allemands ne se tenaient point aux écoutes, que les portes étaient bien fermées, et, ces constatations faites, on criait tous ensemble : « Vive la France ! »

Je leur avais dit : « Mes enfants, on n'est

pas riches, on ne peut pas vous donner de prix. » Ils avaient répondu : « Cela ne fait rien, on s'en passera. » Mais tous ces petits êtres vaillants montrèrent tant de courage, tant de zèle, que je pensai : « Il faut les récompenser quand même. »

Comment faire? Acheter des livres? On en trouva quelques-uns dans les boutiques, mais le nombre n'était pas suffisant; alors, tous les vieux Lensois qui, depuis trente, quarante ans, gardaient leurs anciens livres de prix, se mirent à leur recherche, les dénichèrent, les réunirent, les apportèrent à la mairie. Et le jour de Noël, les ouvrages un peu défraîchis qui racontaient des histoires d'une autre époque, presque d'un autre monde, furent distribués aux écoliers de la guerre.

Mais nous avions eu beau choisir les caves les moins humides, les plus vastes — les caves de brasseurs avaient été réquisitionnées par les Allemands, pour leurs casinos, — ces jeunes poumons manquaient d'air, ces frais visages s'émaciaient. Songe-t-on que ces corps enivrés de mouvement, de vie, avaient perdu l'habitude de jouer? Trois années sans récréations, telle fut l'existence de nos petits.

— Il faudrait organiser quelque chose pour développer ces enfants, me dit un jour l'excellent docteur Emery, d'un ton soucieux.

— Quoi, mon ami?

— Un cours d'exercices physiques.

— Sous les obus?

— Le matin, de sept à dix, les Anglais ne tirent pas; on pourrait profiter de l'accalmie.

Le projet fut exécuté; le cours d'éducation physique eut lieu dans les jardins de l'hospice; les élèves furent pesés, mensurés chaque semaine, et le docteur Emery, devant les résultats, se frottait les mains.

— Ils profitent, les mâtins, ils profitent! s'écriait-il gaiement.

Mais à dix heures, il fallait se dépêcher

de rentrer, car les projectiles recommençaient de pleuvoir.

Naturellement, un certain nombre d'enfants ne pouvaient fréquenter les écoles, parce qu'il était dangereux, à cause des bombardements, de sortir de leurs caves. Situation véritablement émouvante!. Ces intelligences avides de s'instruire étaient condamnées à l'inaction, à la paresse. Dans la mesure du possible, la municipalité y avait apporté remède, en autorisant toutes les personnes munies d'un brevet à instruire les enfants du voisinage. Les caves communiquant entre elles, les petits n'avaient pas besoin de sortir. Cependant, il restait encore des élèves non pourvus de maîtres, enfermés tout le jour dans leur prison et qui finissaient par perdre leurs minces rudiments de savoir. Traités en parias par les circonstances, les pauvres enfants étaient menacés d'un mortel ennui, d'un poignant désespoir.

Mais un homme devina ces plaintes, y répondit. Brave M. Duquesnoy! Il n'avait

-pas le physique d'un héros, et pourtant!...
C'était un petit vieux au souffle court, qui
ne pouvait prononcer trois phrases sans
tousser à fendre l'âme. Ancien maître
d'école, il avait déposé depuis quelques
années sa férule, — dont il ne s'était jamais
servi, — pour vivre ses derniers jours,
comme un sage, dans la paix des livres.
Et voilà que la guerre... Maintenant,
M. Duquesnoy ne voulait plus mourir et la
preuve, c'est qu'il confia à ses voisins :
« Si j'avais de meilleures jambes et surtout
si ce maudit asthme me laissait tranquille,
j'irais voir les enfants qui n'assistent pas à
des classes ; je leur donnerais des devoirs.
Mais c'est cette toux. Vous voyez, je vous
demande pardon... » Et M. Duquesnoy
toussait pendant deux bonnes, je veux
dire, deux mauvaises minutes, pour reprendre d'une traite : « Je vais préparer
des devoirs aux petits, pour une semaine
ou pour quinze jours. Ils viendront chez
moi quand ils pourront. Je corrigerai leurs
copies. »

Ses paroles eurent vite fait le tour de la ville et les demandes affluèrent. Dès lors, M. Duquesnoy ne connut plus de repos.

Lorsque les obus se faisaient plus rares, les élèves s'échappaient de leurs caves, pour aller voir leur maître; celui-ci les accueillait avec un bon sourire, mais les grondait un peu.

— Voyons, mes petits. Ne vous croyez pas obligés de venir... Je sais que vous êtes de braves enfants, mais c'est dangereux... Vos devoirs sont très bien. Nous allons les corriger ensemble, puisque vous êtes là...

Et l'on travaillait sous la surveillance de M. Duquesnoy, qui toussait... toussait... Après chaque accès, il s'excusait avec une extrême politesse, comme s'il demandait pardon pour le temps perdu.

Quand il reconduisait ses élèves, il leur disait :

— Ne vous pressez pas de revenir. Je n'ai pas besoin de vous.

M. Hamel, le maître d'école de Daudet, grondait ses élèves qui manquaient la classe ; M. Duquesnoy les suppliait, lui, de ne pas venir. Cependant comme les deux maîtres se ressemblaient !

VI

LES RAVITAILLEUSES NOUS QUITTENT

La mairie avait, elle aussi, disparu comme par une trappe; des obus étaient tombés jusque dans la salle de l'état civil, blessant le secrétaire général et notre interprète. Les bureaux de l'hôtel de ville et l'épicerie furent transportés dans les caves de la Banque de France. Il n'était point d'endroit plus spacieux ni plus commode. A vrai dire, nous ne pouvions rester dans les pièces de l'octroi : notre commerce devenait trop considérable. Aux denrées américaines, nous avions ajouté, depuis quelques mois, des produits hollandais. Les Allemands avaient autorisé ces achats, nous permettant, par surcroît, de contracter un emprunt de 500 000 francs.

Toutes ces marques de bienveillance auraient dû nous paraître suspectes. Nous allions les payer cher, sans trop tarder. D'abord la ville fut imposée d'une seconde contribution de guerre de 800 000 francs. Quant à l'approvisonnement hollandais, nous verrons bientôt à qui le stock profita...

Notre nouveau domaine était vaste, pratique, avec ses énormes coffres-forts que les Allemands avaient laissés; nous faisions figure de négociants cossus, enrichis; nous avions pignon « sous » rue.

Mais en dépit de cette prospérité, une tristesse grave planait dans les salles. Les entretiens bruyants de l'an dernier, les fusées des rires qui naguère explosaient même aux minutes les plus tragiques s'étaient changés en colloques à voix basse, en longs soupirs, en hochements de tête, douloureux, mais résignés. C'étaient mes ravitailleuses de première ligne, mes pauvres vieilles des corons qui répandaient cette impression de lassitude, d'abattement. Ah! je ne les reconnaissais plus!

Les flammes d'énergie qui brûlaient autrefois leurs yeux s'étaient éteintes; maintenant leurs paupières rouges, à vif, dénonçaient de longues heures passées à larmoyer, à geindre. Leurs visages naguère têtus, farouches, avec leurs mèches grises en bataille, étaient devenus de pauvres faces dolentes, rembourrées de laine sale. Les pauvres vieilles, pensais-je, elles sont à bout de résistance, à bout de forces! Mais je n'osais les interroger. Comment les rassurer? Que leur dire?

Un jour, l'une d'elles, ses emplettes terminées, avança vers moi sa main tremblotante, nouée de cordes sous la peau fendillée.

— Monsieur le maire, je viens vous dire adieu.

— Comment, vous nous quittez?

Elle regarda ses compagnes, d'autres petites vieilles, cassées, branlantes, les prenant à témoin.

— Demandez-leur, nous partons toutes.

— Qu'est-ce que vous racontez?

— La vérité, monsieur le maire. Voilà des mois que nous refusons. On se disait : faut attendre; d'abord les Français sont devant nous.

— Quoi, ils font évacuer les corons? m'écriai-je tout haut.

Alors les petites vieilles approuvèrent, leurs têtes s'agitant ensemble comme des feuilles sèches sous le vent :

— Oui, oui, monsieur le maire; c'est la vérité!

— On nous chasse.

— Si c'est pas malheureux!

— Quand on pense, encore une tranchée et l'on restait Françaises.

C'était donc ce départ prochain, la pensée de l'arrachement inévitable, qui faisaient leurs gestes las, défaillants. Elles quittèrent les toits écroulés, fumants où elles avaient tant souhaité mourir. Elles eurent beau crier, supplier... A coups de lance, les uhlans les poussèrent dans des camions. Elles y tombèrent pêle-mêle avec un bruit mou de hardes et de cadavres. Et dans les éclatements d'obus, les jaillissements de flammes, serrées, grelottantes, les petites vieilles des corons disparurent.

Pendant longtemps, l'épicerie nous parut lugubre et déserte. Avec les ravitailleuses, s'en étaient allés le courage, l'endurance, toutes les grandes vertus des forts. De plus, leur exode nous apparaissait comme un mauvais présage. Sans une seconde de défaillance, nous avions proclamé : « Ils sortiront de Lens, nous jamais! » Avions-nous espéré en vain? Est-ce que par hasard nous allions imiter les petites vieilles des corons? Cette perspective contribuait à maintenir la mélancolie planant dans nos salles.

Pourtant, un jour, un spectacle étrange, inattendu tout au moins, nous dérida. Dans la file des ménagères qui, leur carte de vivres à la main, attendaient leur tour, deux clients s'étaient insinués, deux habitants de Lens, hélas! mais dont ce n'était guère la place parmi nous : deux soldats allemands. Coiffés de leur polo gris et leur veston déboutonné, ils étaient venus en voisins, et loin de commander, d'exiger avec leurs poings fermés comme à l'ordinaire, ils adressaient, ce matin, à tout le monde, de petits saluts amicaux.

Dès que je les aperçus, je courus vers eux.

— Qu'est-ce que vous venez faire ici? demandai-je.

— Nous acheter riz, chocolat.

— C'est impossible.

— Nous donner argent, firent-ils, prêts à fouiller dans leurs poches.

— Oui, je sais. Mais il faut vous en aller.

— Nous partir en permission, plus rien manger Allemagne.

— Adressez-vous à votre cantine.

Ironiques, les femmes dévisageaient les intrus, les montraient du doigt et les réflexions sans bienveillance se croisèrent.

— Ils ont du toupet, ceux-là!

— Voyez-vous ça, cet aplomb!

Mais les soldats, inconscients, riaient niaisement.

— Allez-vous-en, criai-je d'une voix brutale.

— Viens, dit un soldat à son camarade, ici nicht manger.

— Donnez-moi chocolat, moi argent, reprit l'autre d'une voix entêtée.

Alors, je les menaçai.

— Je vous signalerai à la kommandantur.

Ce mot les effraya; ils se décidèrent à déguerpir sous les rires, les huées des femmes. Tous nous savions parfaitement ce qu'ils comptaient faire; n'ayant pu se procurer des vivres à l'épicerie, ils iraient quémander, mendier de porte en porte. Mais si j'apprenais qu'une ménagère revendît ses denrées! J'étais décidé à sévir, dans ce cas, impitoyablement.

Depuis quelques mois, les Allemands, les soldats surtout avaient changé d'attitude. Ils n'étaient plus les reîtres arrogants, salisseurs et gaspilleurs, assurés d'être toujours pourvus par des brigandages fructueux sur les chemins rouges de la guerre. Leur long piétinement dans Lens les avait forcés de réfléchir. Et ceux qui n'étaient point capables d'un pareil effort n'avaient qu'à tenir les yeux ouverts.

Chaque jour défilaient dans les rues de lourdes voitures charretières avec des morts entassés, empilés jusqu'au faîte, sans une toile pour les dissimuler. Des manches galonnées, de grosses bottes dépassaient sur les côtés. Moisson quotidienne de la bataille qu'on allait engranger au cimetière. Déjà dans leur champ du repos, la déesse de la guerre aux ailes éployées veillait sur le sommeil de six mille combattants.

— A Lens, tous kapout, tous kapout, disaient maintenant les soldats.

— Nous mourir ici.

— Jamais revoir maison, jamais revoir enfants...

Ils hochaient la tête, puis fixaient le sol d'un air consterné. Visiblement ils cherchaient à souffler sur le cœur des femmes cette pitié, toujours prête à sourdre. Ils comptaient sur leurs doigts et montraient des petits, assis ou jouant sur le seuil d'une cave.

— Nous, petits enfants, Allemagne, là-bas.

Et s'ils apercevaient sur le visage d'une mère quelque lueur de commisération, ils murmuraient :

— Nous partir permission. Rien manger pour eux!

Ils tendaient la main sans honte retrouvant leur raideur méchante quand paraissait un officier.

Ces pleurnicheries, ces prières finirent par convaincre deux femmes, qui revendirent à des soldats leurs provisions de riz et de lard. J'affichai les noms des ménagères dans une des salles de l'épicerie. Le public put les lire et commenter à son aise l'incident. A l'avenir, les permissionnaires en furent pour leurs frais d'éloquence.

VII

ANNÉES SANS NOUVELLES

Toute la vie de Lens, vie précaire, misérable, s'était réfugiée sous terre. Décidément, son surnom de ville noire ne lui avait pas été donné en vain. Mais autrefois, à travers les ténèbres, dans les noires galeries de l'ombre, nous allions gaiement déterrer des richesses, arracher à la mine la chaleur et le feu. Tandis qu'aujourd'hui... Séparés du monde, murés dans nos caves humides, enterrés vivants, nous végétions comme des prisonniers, des parias, des déchus, sans pouvoir même suivre les péripéties du drame qui depuis près de trois ans ensanglantait la France.

L'immense flaque rouge s'arrêtait à nos portes, dans les corons des faubourgs. De

la guerre, nous ne connaissions que la plus
horrible des tortures : l'invasion. On se
battait tout près de nous; sur d'autres
champs de carnage, des hommes s'affron-
taient, grenades et couteaux en mains.
Quels étaient les résultats? Cette privation
de nouvelles ajoutait à notre angoisse.
Qu'était, à côté d'elle, le manque de nourriture? Nous voulions savoir. Mais que
faire? Comment s'y prendre?

Nos seules sources de renseignements
étaient les communiqués allemands que
nous traduisait Tétard, l'interprète de la
mairie, mais ceux-ci annonçaient chaque
jour quelque victoire kolossale... A les
entendre, la révolution dressait des mi-
trailleuses dans les rues de Paris, le président de la République avait été assas-
siné, etc...

Restait la *Gazette des Ardennes*. Des
agents de la kommandantur avaient insisté
pour qu'on s'abonnât à cette feuille. Personne n'avait souscrit. Alors on la glissa
sous nos portes, on la distribua dans les

rues, mais les numéros étaient aussitôt salis, piétinés, jetés dans les ruisseaux. Nous savions de quelle manière ce torchon était rédigé.

Un jour, par une matinée extraordinairement calme, les Lensois avaient aperçu dans les rues Klaus, le geôlier. Il n'était pas seul. A côté de lui, marchait un grand diable coiffé d'un feutre mou, enveloppé d'un ample manteau mastic. L'inconnu faisait de larges enjambées, puis s'arrêtait, les sourcils froncés, brandissant d'un air impérieux la pointe d'un stylo. Et Klaus souriait, faisait des courbettes avec des gestes ronds qui tendaient à craquer son dolman gris. Visiblement, l'ogre prussien voulait plaire, comme s'il se trouvait en face de ses « petites chattes ». Ensuite, il accompagna le gaillard au stylo jusqu'à la cave d'un honnête bourgeois, où fut servi — par ordre — un copieux déjeuner que terminèrent liqueurs et cigares.

Ce convive épris de confortable était, vous l'avez deviné, un journaliste de la

Gazette des Ardennes et dans l'un des numéros qui suivirent sa visite, nous pûmes lire, au-dessous d'un éloge de Klaüs, le récit d'un séjour fait à Lens sous le pire des bombardements, dans une cave encombrée de blessés, de gens mourant de faim, par le courageux reporter.

Pour la première fois, la *Gazette des Ardennes* eut, parmi nous, un réel succès.

Les nouvelles nous étaient convoyées, si j'ose dire, par les ravitailleurs; mais leurs racontars ne parvenaient pas à diminuer l'inquiétude qui pesait sur nos cœurs. C'était un intolérable supplice. Les Lensois avaient assez fait preuve de courage pour qu'on leur dispensât la vérité.

De mes premiers voyages à Lille, j'avais rapporté des faits, des impressions, mais, depuis longtemps, je ne circulais plus. M. Charles, que j'écoutais cependant avec une patience angélique lorsqu'il racontait ses bonnes fortunes à Paris, avait répété à la kommandantur des conversations tenues devant lui. On avait supprimé mes laissez-passer.

Autour de nous, c'était la nuit... Et peut-être serions-nous restés trois ans sans nouvelles de la France, si le hasard...

Ce matin-là, comptant avoir avec M. Régnier, notre inspecteur primaire, petit homme sec, autoritaire, une explication un peu vive au sujet des écoles, j'entrai brusquement dans son cabinet situé près du mien dans le sous-sol de la Banque. L'inspecteur, assis devant sa table, feuilletait un livre sous les yeux d'un lieutenant allemand, debout près de lui. Ils s'entretenaient amicalement.

— Ah! pardon, je vous dérange? dis-je d'un ton rogue, choqué par cette intimité.

— Du tout, laissez-moi vous présenter... commença M. Régnier.

— Non, merci, je reviendrai dans un meilleur moment.

Je me dirigeai vers la porte, mais l'officier courut derrière moi :

— Monsieur le maire, me dit-il dans un

excellent français, je voulais précisément vous voir.

— Moi?... Je ne saisis pas bien... m'écriai-je.

— Eh bien! voilà... Je reçois chaque jour les journaux français, je pourrai vous les prêter.

— Décidément, je ne comprends plus, dis-je en revenant sur mes pas.

M. Régnier souriait de mon embarras.

— Je ne suis pas Allemand, monsieur le maire, reprit le lieutenant, je suis Alsacien. J'habite Thann, c'est ma ville natale... Les Français l'ont reprise... Je déplore cette guerre, je souffre, si vous saviez...

— Comment n'êtes-vous pas parti?...

— Je n'ai pas eu le temps, monsieur le maire, et maintenant...

Il leva les bras, dans un geste navré, des larmes tremblaient à ses cils; un chagrin violent, sincère, le bouleversait.

— Eh bien, j'accepte, dis-je.

— Alors, je les apporterai moi-même,

ou bien M. Régnier, quand je ne pourrai pas... Mais il ne faut pas que les autres...

— C'est entendu.

Et chaque jour, je reçus ainsi les journaux : le *Temps*, le *Petit Parisien*.

Après les avoir lus, j'en faisais de larges extraits que l'on copiait à 50 et 60 exemplaires. Ceux-ci furent confiés à des personnes sûres, et Lens apprit ainsi les échecs des Allemands sur l'Yser, à Verdun, dans la Somme. Nos soldats avaient opposé à la horde allemande la muraille de leurs poitrines. Ils tenaient. Nous tiendrions aussi.

VIII

INJURES AUX FEMMES FRANÇAISES

Nous ne possédions plus rien, nous végétions, serrés, grelottants, dans des caves dont les bombardements nous chassaient. Alors, il fallait déménager sous les obus, courir vers un autre tombeau... provisoire. Les morts sont au moins assurés de rester dans leurs trous d'ombre, tandis que nous ! Nos parents, nos amis tombaient sciés, écartelés par les projectiles, ainsi que les soldats dans les tranchées.

La ville était un champ de bataille. Toutes les horreurs, toutes les tortures de la guerre, nous les connaissions, nous les subissions. Nous avions roulé jusqu'au fond du gouffre... jusqu'au fond. Du moins, nous le pensions.

Cependant, il était écrit quelque part sur le livre du Destin que d'autres épreuves nous guettaient... Et parmi celles-ci, il en est une si monstrueuse, si particulièrement abominable qu'aujourd'hui, à plusieurs mois de distance, je ne peux y faire allusion sans qu'un frémissement de dégoût, de colère secoue mes doigts.

C'était une prescription nouvelle de la kommandantur. Je déchirai le papier après une lecture distraite, hâtive. Il s'agissait d'une visite médicale aux femmes de Lens. Cela concernait certainement les prostituées ; simple mesure, pensai-je, dont je n'ai pas à m'occuper.

Mais bientôt des bruits circulèrent, s'insinuèrent dans les caves. Bruits étranges, racontars inventés, sans aucun doute, par des imaginations maladives. Toutes les femmes de quinze à cinquante-cinq ans, annonçait-on, devaient subir la visite des médecins allemands. Toutes les femmes! Était-ce possible! Quel but se proposaient

nos bourreaux? Voulaient-ils se désho-
norer à tout jamais aux yeux du monde?
Piller, incendier, emprisonner, fusiller,
c'étaient là leurs atrocités coutumières.
Nos âmes les avaient acceptées stoïquement, comme des nécessités fatales. Mais
pouvait-on subir la honte qui nous menaçait? Allions-nous laisser ces barbares
blesser, salir nos femmes, nos filles dans
la dignité de leur sexe, violenter leur pu-
deur, les outrager dans ce que l'être humain a de plus sacré?... D'abord, la nouvelle était-elle vraie? Je n'osais croire à
tant d'ignominie...

Autour de moi, je donnai le conseil de
ne rien faire, d'attendre des sommations
de la kommandantur.

Quelques jours passèrent sans qu'on
parlât de la visite. Aussi je me répétais
avec une joie mal contenue : « J'avais
raison, ils n'ont pas osé!... » Hélas! mon
optimisme dut s'incliner devant les faits...
Les visites avaient commencé dans la région, à Carvin, à Sallaumines, à Hénin-

Liétard. Je ne pouvais plus douter. D'ailleurs, les maires de ces localités me racontèrent d'une voix gonflée de colère les scènes scandaleuses auxquelles ils avaient assisté.

— Chez nous toutes les femmes ayant refusé, me dit le maire d'Hénin-Liétard, des soldats les arrêtèrent sur la route, et, sans prendre garde à leurs cris, ils les poussèrent de force dans une salle de la mairie, où les attendait un major. Ah! les misérables!

— Dans ma commune, ajouta un autre, j'ai bien cru que le médecin allait être tué par une mère qu'on voulait examiner en présence de sa fille : « Pour moi, déclarat-elle, je consens; mais si vous touchez à ma petite! » Les poings tendus, elle avait l'air enragée; l'Allemand prit peur et les renvoya. La canaille tremblait comme une feuille au vent.

— Il faut résister jusqu'au bout, dis-je à mes amis.

C'était la conduite que je comptais tenir.

Aux maires succédèrent bientôt dans mon bureau plusieurs dames de Lens; elles tenaient par la main leurs filles, fixant sur celles-ci des visages crispés par l'angoisse, luisants de larmes.

— Monsieur le maire, le policier Rosenfeld est venu dire qu'il fallait nous présenter, mon enfant et moi, devant un major allemand.

— Et que comptez-vous faire?

— Je n'irai pas. J'aime mieux mourir que de me soumettre à cette visite.

A ce moment, la fillette éclatait en sanglots, se blottissant contre sa mère, et toutes deux restaient embrassées pendant quelques secondes sans ajouter une parole.

— Il ne faut pas y aller, vous avez raison, répliquais-je, cachant mon émotion.

— Mais que feront-ils?

— Ne vous inquiétez pas.

Je me rendis à la kommandantur.

— Qu'est-ce que vous venez faire encore? s'écria l'officier en m'apercevant.

— Je viens protester, dis-je, contre la lâcheté des autorités allemandes envers les jeunes filles et les femmes de Lens.

— Ah! vous faites, sans doute, allusion à cette formalité médicale?

— Oui, et c'est une honte, m'exclamai-je!

— Adressez-vous au général; je ne fais qu'exécuter ses ordres.

— Ils sont odieux et les habitantes de Lens n'ont pas mérité cette injure.

— Elles n'ont qu'à obéir.

— Elles refusent.

— On les y forcera.

Je me gardai de rapporter cette conversation aux pauvres femmes qui venaient à la mairie. A toutes, je prêchais la résistance. Du reste, seules les filles publiques avaient accédé aux exigences de la kommandantur. Mais c'était là un résultat insuffisant pour le fonctionnaire servile, décidé à fournir à ses supérieurs une statistique imposante. Dans ce but, il usa d'un stratagème répugnant, méprisable.

Sous le prétexte d'obtenir des renseignements insignifiants, il fit appeler certaines
personnes de la ville à la kommandantur.
Des femmes et des jeunes filles s'y présentèrent sans appréhension, sans défense.
Mais sitôt qu'elles eurent pénétré dans la
cave, des policiers se jetèrent sur elles,
les enfermèrent dans une pièce et là, des
majors allemands examinèrent les malheureuses, malgré leurs supplications, leurs
gémissements. Puis, le crime accompli,
on les renvoya chez elles.

A peine la nouvelle de ces attentats se
fût-elle répandue par la ville, que les mères
et leurs filles résolurent de mourir dans
leurs cachots, plutôt que de subir pareil
guet-apens.

Aussi, dans la suite, aucune femme ne
voulut se rendre à la kommandantur. Cependant, le bourreau exigeait toujours des
certificats de visite. Que faire? Comment
se les procurer? Était-il possible de satisfaire à la volonté du Prussien en évitant
l'examen des médecins? On essaya. L'habi-

tude du malheur rend ingénieux. D'abord les temporisations, la mauvaise volonté lassèrent les autorités allemandes; puis le docteur Emery, brave et généreux comme toujours, donna tous les certificats qu'on lui demanda et le tortionnaire de Lens dut s'en contenter.

IX

Les mères n'avaient point fini de souffrir. Aucune douleur, aucune torture ne devaient leur être épargnées. Elles avaient sauvé, préservé leurs filles des mains infâmes, mais restaient leurs fils, les garçons de quinze à dix-huit ans. Les Allemands les réclamèrent. Que voulaient-ils en faire? Quel sort misérable attendait ces adolescents? Tremblantes, angoissées, les mères me supplièrent d'intervenir, d'empêcher cette cruelle séparation. La tâche n'était pas aisée. J'en sauvai un certain nombre en les utilisant dans nos services, à la boulangerie, à l'épicerie. J'en occupai d'autres aux travaux de voirie, aux balayages des rues; les besognes les plus dures, les plus répugnantes ne les rebutaient point. Tout ne valait-il pas mieux que d'être embauchés par les Allemands? Mais il ne m'avait pas été possible de les employer tous. Il en restait d'autres, et ceux-là...

Ceux-là disparurent soudainement de la ville, par ordre de la kommandantur. Où les avait-on expédiés? Aux familles, les jours d'absence coulèrent lents et pesants comme des années. Cependant les garçons revinrent chez eux au bout d'une semaine. Mais dans quel état! Exténués, pâlis, amaigris, avec des visages tuméfiés, déchirés, ils portaient sur tout le corps des traces de coups. Alors, ils racontèrent leurs supplices. On les avait embrigadés de force, munis de pelles, de pioches et poussés vers le front pour y exécuter des travaux. Ils avaient creusé des boyaux, des tranchées, des abris. Ils formaient des bataillons de jeunes gens, condamnés à la dure discipline de la guerre, à tous ses dangers aussi.

Ah! si l'on pouvait reconstituer, avec ses détails émouvants, la vie tragique de ces petits, de quelle admiration le monde entier les entourerait! Car il ne faut pas croire qu'ils acceptèrent sans broncher leur terrible sort! Combien se rebellèrent, protestèrent, refusant de se rendre sur le terrain de travail, jetant leurs outils en route. Privation de nourriture, châtiments corporels, emprisonnements, ils subirent toutes les punitions, comme des cœurs fiers, sans se plaindre. Rien ne put les réduire, interrompre leur opposition sourde, entêtée. Leur obstination prit parfois un aspect enfantin, mais quel héroïsme sous cette puérilité!

L'un d'entre eux, occupé un jour à porter un sac de plâtre, passa près d'un sous-officier sans le saluer; furieux, l'Allemand bondit sur le gamin, le gifla d'un revers de main si brutal que le petit et sa charge tombèrent. Le soldat poursuivit son chemin avec l'allure gonflée d'un vainqueur, tandis que meurtri, la bouche serrée de colère, l'enfant avec peine se relevait. Une fois debout, l'enfant avait pris une décision. A l'avenir, il ne saluerait plus jamais, jamais, un Allemand. Et sitôt ce serment solennel fait devant sa conscience, le petit creusa un trou dans la terre et sans être vu, enfouit sa casquette.

Désormais, il tenait sa vengeance, vengeance inoffensive, banale, si l'on veut, et cependant... Durant plusieurs mois, nuit et jour, sous la pluie, sous le soleil, par des temps de vent et de neige, le gamin demeura tête nue. Que pouvait-on lui dire? Puisqu'il ne possédait pas de chapeau, il ne pouvait pas se découvrir. Pendant longtemps les Allemands ne remarquèrent rien d'anormal dans leur jeune troupe; mais un jour devinèrent-ils tout seuls l'intention du réfractaire? Quelqu'un leur souffla-t-il la vérité? En tout cas, ils intimèrent l'ordre au petit de se coiffer comme ses camarades. Il s'y refusa, continuant de les braver, de les défier, le front nu, inlassablement. Et les injures, les menaces des bourreaux restèrent sans effet. Fatiguées, découragées, les brutes durent se résigner à l'inévitable et le héros sans casquette gagna la partie.

A ces pauvres enfants était accordé un jour de repos par semaine. Ils venaient à Lens passer leur dimanche en famille. Leur départ donnait lieu à des scènes déchirantes. Combien de fois, le lendemain, ai-je reçu la visite des parents, brisés, hébétés par le chagrin !

— Monsieur le maire, me disait un jour une femme, si vous aviez vu mon enfant ! Il a tant maigri que je ne l'ai pas reconnu.

— Mais que puis-je faire ?

— Dites-leur, à ces monstres, qu'ils prennent les mères, s'ils le veulent ; mais nos petits ne sont pas assez résistants.

Je promettais d'intervenir. Hélas ! je connaissais à l'avance le résultat de ma démarche.

Une autre, les mains croisées, suppliantes, lui succédait :

— Mon fils m'a dit qu'il voulait se tuer.

Je crains un malheur. Il souffre trop.

— Amenez-le dimanche prochain. Nous causerons ensemble.

Elle s'en allait, balbutiant des remerciements, à demi rassurée.

Naturellement, je tenais parole, je me rendais à la kommandantur. Après avoir usé vainement d'arguments sentimentaux, je faisais appel aux prescriptions du congrès de La Haye, interdisant ces tortures. Alors, le Prussien qui m'avait laissé parler, avec une condescendance offensante, comme on écoute un monomane, m'interrompait par un féroce éclat de rire :

— Les conventions de La Haye, s'écriait-il, tournant vers sa poitrine une main grasse et molle, c'est bon pour nous, mais pas pour vous !

Il était inutile de discuter avec ce barbare ; dans la suite, je m'abstins de lui rendre visite. Je me confiais au hasard ; peut-être m'offrirait-il l'occasion d'affirmer mon mépris, mon dégoût de pareils procédés. Cette chance se présenta. Un matin, à la mairie, Rosenfeld m'apporta l'ordre de régler immédiatement les journées des jeunes gens qui travaillaient aux tranchées.

Je parcourus l'addition d'un œil distrait, puis remis la facture au policier.

— Je refuse de payer cette somme, déclarai-je.

— Pour quelle raison?

— Parce que je refuse, répondis-je d'une voix ferme.

— Cependant, il faudra donner une explication, dit Rosenfeld.

— Vous y tenez?

— Ce n'est pas pour moi, mais vous comprenez ma situation, cher monsieur Basly.

— Eh bien! dites à votre chef — il connaît d'ailleurs mes sentiments — que la plupart des travailleurs portés sur la liste ne sont pas domiciliés à Lens. Donc c'est aux maires de leurs communes qu'il appartient de payer cette note.

— Prenez garde, le commandant sera furieux, déclara Rosenfeld.

— Je ne donne pas un sou.

Le policier saisit la facture d'une main rageuse et partit, sans me gratifier de ses saluts obséquieux. Son absence fut courte. Au bout de quelques instants, Rosenfeld reparut, dressant sa petite taille d'un air important.

— Eh bien, monsieur le maire, avez-vous réfléchi?

— C'est tout réfléchi, caporal Rosenfeld.

— Une dernière fois, vous refusez?

— Je vous l'ai déjà dit.

Alors, mystérieusement, le policier sortit de sa poche un papier sur lequel était écrit : *Le caporal Rosenfeld est autorisé à se saisir par la force de la somme portée sur ledit état de paiement.* Ayant parcouru le billet, je levai les yeux vers un Rosenfeld épanoui, fier de sa mission de confiance.

— Par la force! m'écriai-je avec un sourire.

— Ah! cher monsieur Basly, n'allez pas croire...

— Faites votre besogne, dis-je en lui tournant le dos.

Rosenfeld, d'un pas alerte, s'était dirigé vers l'escalier de la Banque; sur la première marche, il s'arrêta, lança deux coups de sifflet. Aussitôt des soldats surgirent. Armés d'outils, muets, disciplinés, ils se rangèrent à côté de Rosenfeld.

— Où se trouve l'argent, monsieur le maire? me demanda le caporal.

— Là, dans ce premier coffre-fort, répondis-je.

Alors Rosenfeld désigna l'armoire de fer aux soldats; quelques minutes de travail leur suffirent. Sous de lentes pesées, la porte du coffre-fort sauta. Le délégué de la kommandantur pouvait se payer : il compta minutieusement l'argent. Ah! l'opération n'avait pas traîné! Il fallait rendre cette justice au caporal Rosenfeld. Ce policier avait sous ses ordres une habile équipe de cambrioleurs.

X

LA MORT DE LENS

Toutes ces atrocités ne semblaient-elles
pas les actes de voleurs, d'assassins, qui,
dans l'accomplissement de leurs crimes,
se hâtent avec des gestes de déments parce
que des pas ont retenti dans l'ombre? Nos
bourreaux entendaient des pas sur la route
de leur destin... C'était la Mort qui venait.
Ils se sentaient entourés de pièges, d'embûches, emprisonnés dans la vaste geôle
qu'ils nous avaient préparée. Du terrier
sombre, où ils se tenaient blottis, désormais, ils ne pouvaient plus sortir. Lens devait leur servir de tombeau, ils le savaient,
ils le répétaient avec des gémissements,
des crispations d'effroi. Cette situation infernale, sans issue, les exaspéra, les irrita,

leur fit inventer des cruautés inédites.

Certaines maisons, certains édifices, bien rares il est vrai, continuaient à se dresser, d'un air entêté, volontaire; ils se ruèrent sur eux, enlevant tous les meubles, tous les matériaux, qui furent étiquetés, expédiés en Allemagne par la gare de Billy-Montigny. Des amendes tombèrent sur nous pour les motifs les plus futiles. Les perquisitions recommencèrent. Enfin, ils imaginèrent une nouvelle torture.

Lens, dans les pires heures, sous les plus tragiques bombardements, Lens blessée, meurtrie, Lens agonisante avait conservé ses voix. Elle parlait, s'exprimait par ses cloches; leurs sons clairs étaient comme les battements d'un grand cœur sonore, le cœur même de la cité. Comme nous tenions à nos cloches! N'était-ce pas un lien entre nous, qui ne pouvions plus sortir à cause des obus? Les Allemands l'avaient-ils deviné? La haine a, comme l'amour, de ces divinations... Un jour, tout un jour, le plus lugubre, le plus désespérément long de notre existence, un lourd, un horrible silence plana ; nul tintement ne vint nous effleurer dans la solitude de nos caves. Que se passait-il ? Avaient-ils osé ?... Haletants, le cœur serré d'étranges pressentiments, nous attendîmes. Hélas, on ne pouvait douter. Lens avait été étranglée, étouffée par les bandits : ils avaient emporté nos cloches.

Lens n'était pas morte encore : il circulait autour de nous, presque dans chaque maison, un peu de vie souple, frémissante. Dans nos caves, nous tremblions pour le sort de nos femmes, de nos enfants, mais à certaines minutes nous étions consolés, rassurés par les caresses, les attentions d'amis prévenants, attentifs spectateurs de toutes nos transes : nos chiens étaient près de nous. Il faut avoir vécu dans l'ombre de nos tombes pour comprendre l'attachement qui nous unissait à eux. Nous les avions toujours aimés.

A Lens, pays où les chasses aux rats constituent, avec les combats de coqs, les divertissements préférés des mineurs, les chiens avaient toujours été à l'honneur. Depuis la guerre, ils avaient été à la peine. Les misères subies en commun rapprochent tous les êtres, sous un même toit. Pour ma part, je possédais une vieille chienne aveugle à qui l'invasion apporta un sens inconnu. La pauvre bête, murée à la lumière du monde, depuis plusieurs années, voyait le Boche. Elle le voyait positivement. Dès que le premier — un officier de uhlans — surgit au seuil de notre cave, la chienne se dressa, bondit dans la direction de l'intrus. Celui-ci s'esclaffa devant l'ardeur de l'ennemi.

Cependant je la rappelai :

— Miss, Miss, ici !

Alors l'Allemand serra les lèvres et me fixa d'un regard méchant :

— Comment, comment, bégaya-t-il, cette chienne s'appelle...

— Elle s'appelle Miss, répondis-je.

— Pourquoi ce nom anglais? C'est ridicule. Si je ne me retenais pas...

Saisissant la poignée de son sabre, il s'avança vers la chienne aveugle.

— Vous n'allez pas la tuer, j'espère, m'écriai-je.

Et je me précipitai sur Miss, que je fis aussitôt disparaître. Ma chienne ne fut pas tuée ce jour-là, mais les Allemands l'avaient condamnée à mort avec les autres chiens de Lens. Comme toujours, les bourreaux dissimulèrent sous des prétextes humanitaires leurs hypocrites desseins. Selon eux, les bêtes inutiles mangeaient les provisions destinées aux habitants; de plus, elles propageaient des maladies graves. Pour toutes ces raisons, un impôt de 37 fr. 50 frappa chaque animal. Il nous était bien difficile, après tant de rafles d'argent, de payer pareille somme. Un grand nombre refusèrent.

Alors les chiens furent pour la plupart saisis à domicile et pendus à l'abattoir. On accueillit nos supplications, nos refus avec des ricanements, des injures. Le boucher chargé de la besogne dut s'exécuter;

quatre cents amis fidèles allongèrent leurs
corps froids, raidis, au bout d'une corde.
Le lendemain de cet exécrable forfait, des
soldats allemands vinrent, avec de larges
couteaux, taillader les cadavres, emportant pour leurs repas des gigots de chiens.

Maintenant Lens agonisait; du fond de
ma cave, j'entendais ses derniers spasmes.
Je restais des heures les mains contre
mon front, abattu, anéanti. Ma pauvre
ville, à qui j'avais donné le meilleur de
mes forces et de ma vie, allait mourir,
disparaître. C'était un chagrin immense,
inconsolable. Et quel rêve s'évanouissait!
Moi qui comptais la remettre, vivante,
embellie, entre les mains de ses fils glo-
rieux, aux sublimes combattants, aux Lensois jetés dans le grand brasier de la
guerre... C'était, pour le jour de la paix,
la récompense que je leur réservais... Et
voilà que maintenant... Que restait-il de
la cité du travail et de la joie? Quelques
maisons, sans portes ni fenêtres, men-
diantes aveugles, debout le long d'un trot-

toir. Des amas de pierres..., des poignées de cendres.

Par instants, je m'échappais, malgré les obus, de mon tombeau pour revoir ma ville, noter les travaux urgents, les réfections les plus pressantes. Et je me disais, en dépit du terrible spectacle : « S'ils s'arrêtent là, eh bien ! avec du travail on aura vite remis les choses en place. » J'espérais contre toute espérance. Tant d'efforts, tant de richesses ne pouvaient pas, en quelques mois, en quelques heures, disparaître parce que des barbares...

Mais j'avais encore des illusions sur la mentalité allemande... Depuis longtemps, le sort de Lens était décidé par nos maîtres : elle devait être assassinée comme les ouvriers marchant à la mort accompagnés de leurs cercueils, comme Mlle Pruvost, notre institutrice, comme nos chiens. Lens assassinée... Oui, et des bandits s'en chargèrent.

Que les lecteurs ne voient pas dans ce mot une exagération littéraire ; des bandits tuèrent Lens, de vrais bandits échappés des geôles allemandes, des bagnes prussiens. Les soldats n'avaient pu rester dans la ville. On les faisait maintenant cantonner en des lieux plus paisibles. Une troupe de parias, d'exclus, une horde d'êtres immondes, bossus, bancals, aux faces ravagées par tous les vices, les remplacèrent.

Ils n'avaient point d'armes. Ils portaient, sur le côté, un sac de grenades qu'ils lancèrent sur les maisons, contre nos portes, brisant, brûlant tout sur leur passage. Trois d'entre eux habitaient dans une cave près de la nôtre; ils se reposaient de leurs crimes en tirant des airs langoureux d'un vieil accordéon. Sous les coups de ces assassins, Lens mit encore deux mois à mourir. Un jour, un silence effrayant, désolé, nous enveloppa... La bande sinistre avait déguerpi. Lens était morte.

Qu'allions-nous devenir?

TROISIÈME PARTIE

I

VERS L'EXIL

... 10 avril 1917.

C'est la première fois que j'inscris une date... la première fois. J'ai déjà demandé à tous les amis de Lens de m'en excuser; il ne m'a pas été possible de situer dans le temps les événements de notre vie tragique, les semaines, les mois se fondant, se mêlant dans un brouillard de sang. Mais ce 10 avril 1917, où fut décidé notre départ, comment pourrais-je l'oublier? Jamais, dans les pires tourments de mon existence,

je n'ai, comme ce jour-là, été bouleversé,
déchiré par des sentiments contraires...
En songeant à mon état d'alors, j'ai peine
à reconstituer le tumulte intérieur qui
m'agitait. Cependant, après des efforts, je
me rappelle. Comment me faire comprendre? J'étais épanoui, joyeux, pareil au
prisonnier devant qui s'entr'ouvre la porte
de son cachot; puis, aussitôt, je baissais la
tête, humilié, désolé. Partir... Partir...
C'était quitter cet enfer, ne plus entendre
de cris, ne plus voir des femmes, des
enfants tomber, s'éparpiller sous le vol des
obus, dans de grands giclements rouges.
Mais c'était également laisser la place aux
barbares, abandonner la partie. Nous
avions tant rêvé d'une autre fin!

De cette bataille qui se livrait dans mon
cœur, je me gardais bien d'en faire part à
mes collaborateurs, à ma famille. Au surplus, aucune objection ne m'était permise.
J'avais reçu des ordres. Il était dix heures
du matin et la population — ce qu'il en restait — devait évacuer la ville à trois heures,

Les détails étaient arrêtés. Le rendez-vous aurait lieu place de la Mairie ; on partirait par groupes, sous escorte de cavaliers.

Oh ! ces lamentables exodes ! Je les connaissais ! Dans le courant de mars, dix mille habitants avaient été évacués, à raison de mille par jour. Devant mes yeux surgissait, à certains moments, ce pauvre bétail humain, geignant, affolé, poussé par des bouviers casqués, armés de lances. Mais au moins celui-là s'en était allé par des journées douces et pluvieuses, tandis que nous... Quel mois d'avril ! Une atmosphère de deuil, de mort, jetait un linceul sale, douteux sur le cadavre de Lens. Une neige boueuse couvrait les ruines, souillait les chaussées défoncées. Un froid terrible nous gelait le corps et l'âme. Aurait-on même le courage de se mettre en route ?

Mais il ne s'agissait pas de gémir, de perdre du temps ; nous avions quatre heures pour préparer nos bagages, tout ce que l'on pouvait porter à la main. Quatre heures... le délai suffisait à peine. Ah !

quand on inspecte, avant un départ défi-
nitif, les pauvres choses avec lesquelles on
a vécu, toutes sont d'égale importance, de
même mérite; chacune vous fait signe,
vous supplie de la prendre. Et celles qu'on
laisse vous dressent de muets, de longs
reproches.

Dois-je l'avouer? Mes objets personnels
ne me préoccupaient guère. Ma femme
s'en chargeait. Je songeais surtout aux
archives de la ville, à la somme d'argent
dans nos coffres, environ 500 000 francs,
aux provisions emmagasinées dans l'épicerie. Je ne voulais pas enrichir nos bourreaux — ils nous avaient assez volés — je
ne tenais pas à les nourrir non plus. Les
quelques heures nous séparant du départ,
je les passai en démarches auprès de la
kommandantur. Je reçus l'assurance qu'une
voiture emporterait nos caisses; on me
promit également de rendre nos vivres à
Carvin. Mais j'étais inquiet, nerveux. Quel
chagrin poignant de laisser tout cela! Si
j'avais pu!... En dépit de mon âge, j'aurais

retrouvé des forces neuves, pour hisser sur mon dos un sac, une charge pesante. Mes collaborateurs, mes amis m'eussent aidé. Seulement, les Allemands nous épiaient, nous bousculaient. Il fallait se dépêcher.

A trois heures, toute la ville se trouvait au rendez-vous. Toute la ville... quatre mille êtres humains, blêmes, défaillants, car la lumière blafarde, réverbérée par la neige, criblait les regards de scintillements. Et quels pittoresques accoutrements! Tout ce qu'ils avaient pu revêtir, les Lensois l'emportaient sur eux. Des femmes poussaient des brouettes chargées de ballots; sur l'une d'elles, entre deux paquets de linge, gisait une petite fille de trois ans, à la jambe droite coupée, une main emmaillotée et sanglante. D'autres enfants, blessés, mutilés, se serraient peureusement contre la jupe de leur mère. Toutes les classes de la société, riches et pauvres, ouvriers, commerçants, propriétaires, se ressemblaient, avaient le même aspect de misérables, d'émigrants. M. Taquet, le sportsman, et M. Verrier, l'ingénieur, tenaient les brancards d'une poussette ; le docteur Ovide Emery tirait une voiture à bras. Je me trouvais dans le groupe des employés de la mairie, avec un sac attaché à mon dos, portant dans une main une valise, dans l'autre un panier où se blottissait mon chien Bijou, le neveu de ma pauvre Miss.

Nous attendîmes pendant trois heures, grelottants, les pieds dans la neige.

II

Puisque notre exode était décidé, nous voulions au plus tôt quitter Lens. Mais notre tour n'arrivait point; les départs avaient lieu par groupes de cinquante, de soixante personnes. A ce compte-là, quand pourrait-on partir? Nous étions les derniers de la longue file. A six heures, nous restions encore quatre cents. Un sous-officier s'avança vers nous, criant :

— Rentrez à la mairie, vous partirez plus tard!

Il fit un signe, des soldats nous empoignèrent, nous poussèrent dans les caves de la Banque. Cognés, heurtés, étourdis, nous tombâmes pêle-mêle dans l'ombre.

Puis des clefs grincèrent dans les serrures. Nous étions enfermés.

Que se passait-il? Étions-nous victimes d'un guet-apens? Nos maîtres avaient-ils changé d'avis? Le sous-sol de la Banque avait l'air d'une salle d'attente, d'un campement; assis sur nos paquets, on n'osait s'installer, sortir de la nourriture, par crainte d'être surpris, dérangés, poussés vers la chaussée à coups de crosse. Nous savions comment ils procédaient, par quelles manœuvres brutales s'affirmait leur autorité.

D'ailleurs, notre long piétinement dans la neige nous avait gelés, transis, nous restions sans mouvements, engourdis, presque momifiés par le froid. Et quel vacarme autour de nous! Les murs tremblaient sous les sifflements des obus, des éclatements proches nous assourdissaient, amplifiés par les énormes voûtes du local. Il semblait, à chaque minute, qu'on allait être pilonnés, engloutis. On aurait dû gémir, pousser des cris d'épouvante. Au contraire... Comment est fait le cœur de l'homme? Une seule, une même pensée : celle qui ne nous avait jamais abandonnés depuis trois ans, nous possédait, nous exaltait : les Anglais avançaient. C'étaient eux qui, tout à l'heure, allaient nous délivrer!

Pourquoi, à ce moment précis, étions-nous soulevés par cette espérance? Par quelle magie venait-elle de naître dans nos âmes? Le mystère est encore inexplicable pour moi aujourd'hui. Mais c'était ainsi.

En somme, les heures s'écoulèrent, lentes, tranquilles, supportables. Cédant à la fatigue, les corps s'assoupirent. On s'endormit. Combien de temps dura notre sommeil? Soudain, il devait être une heure du matin, la serrure grinça, des pas retentirent. D'un bond, plusieurs d'entre nous furent debout. Un soldat surgit, une lanterne à la main, un petit homme, hébété, affublé d'énormes lunettes : c'était Roumanoir — nous lui avions donné ce surnom parce qu'il appelait ainsi les Roumains — l'ordonnance du policier Rosenfeld.

— Vous, s'écria-t-il, tous délivrés par les Anglais. Nous, rester prisonniers dans Lens.

Il se mit à rire, satisfait personnellement de cette dernière perspective. Puis, une fois cette bonne nouvelle annoncée, le messager nous tourna le dos et disparut.

Tout d'abord, nous nous regardâmes, muets, frémissants de bonheur. Ce que nous rêvions tout à l'heure était la vérité !

Puis les langues se délièrent, les exclamations, les cris de joie s'échappèrent, se croisèrent d'un bout à l'autre de la salle.

— Maintenant, plus de doute ; c'est la Victoire !

— Cette fois, les Allemands sont perdus !

— Ah ! mon Dieu ! Est-ce possible ? Ils nous ont fait assez souffrir !

— Les bandits !

— Quel bonheur d'être restés !

— Les pauvres gens partis hier n'auront pas connu notre joie !

— C'est vrai, nous avons de la chance.

De la chance ! Nous le pensions ; nous

avions la certitude d'être des privilégiés, de vrais élus de la fortune. Dès lors, il fut impossible de se rendormir. L'esprit en éveil, le visage ridé par l'anxiété, les yeux luisants, fixes, tournés vers la porte, nous guettâmes les Anglais.

Hélas! ce fut Roumanoir qui revint, à cinq heures. De son même air stupide, mais déconfit, il déclara :

— Vous partir tout à l'heure.

Il n'ajouta pas d'autre explication. Tout commentaire eût d'ailleurs été inutile. Nous avions compris. La partie était perdue.

Et deux heures après... (comment n'avions-nous pas prévu cela?...) une bande furieuse, démente, criant, avec des gestes d'assassins, fit irruption dans notre sous-sol. Des cris de femmes, d'enfants retentirent. Alors ce fut, vers la porte, une ruée éperdue, une bousculade apeurée de pauvres gens qui, dans leur hâte, oublièrent des paquets, des sacs. Et, derrière nous, le pillage commença.

III

DANS LA NEIGE, SOUS LES OBUS

Dehors, quelle épouvante : rafale de neige, rafale d'obus, toutes les tortures mêlées, nous guettant au sortir de notre trou-d'ombre! Impossibilité de reculer, d'attendre; les bourreaux nous poussaient, menaçants, ricaneurs. Il fallait avancer dans ce froid, dans cette boue, dans les éclatements meurtriers, dans les jaillissements de flammes. Une vraie route de l'enfer. Nous avions vécu en plein champ de bataille, dans Lens bombardée; maintenant on nous jetait dans le brasier de la guerre. Et nous étions sans abris, sans armes; les soldats possédaient au moins des fusils pour combattre, des tranchées où se terrer. Nous n'avions rien pour nous protéger du froid, de la mort, rien ; pas même nos mains, agrippées à des paquets, à des paniers.

Nous étions quatre cents personnes seulement ; pourtant nous formions une file qui me parut interminable. Et l'on chemina longtemps, avec des arrêts brusques, fréquents, les Allemands prenant plaisir à voir des femmes, des enfants, gémir, pleurer. Nous marchions au milieu de fracas, de roulements de tonnerre ; des geysers de boue, soulevés par des obus, retombaient sur nous ; enfin, autre supplice, la neige nous fouaillait, nous aveuglait avec une ténacité méchante. Combien ai-je vu de pauvres femmes sortir de la file, s'arrêter : la voiture d'enfant qu'elles poussaient venant de se briser, silencieusement elles enlevaient leurs affaires, renouaient leurs paquets. Mais nous ne pouvions les attendre. Alors, pour nous rejoindre, elles étaient obligées d'abandonner leurs ballots, toute leur fortune.

Que pouvions-nous faire ? Le sentiment

de notre misère, de notre impuissance, nous accablait. Et quellē désolation émanait du paysage : immense cadavre, étouffé, noyé par la neige! Nous éprouvions une fatigue insurmontable qui gonflait nos pieds, emplissait nos oreilles de bourdonnements. On avait l'air de gens ivres. C'est que nous étions restés si longtemps dans nos tombes, sans pouvoir en sortir! Bientôt cette lassitude se fit si douloureuse qu'on avança comme des automates, en faisant appel à des énergies inconnues. Tout ce qui se passait autour de nous, auprès de nous, devint indifférent. Soudain une détonation terrible fit trembler le sol, deux femmes disparurent, comme happées par la terre. Nous passâmes près de l'excavation sans même regarder. Nous étions exténués. Et ce supplice dura trois heures. Nous arrivâmes à dix heures à Hénin-Liétard, après un parcours de 12 kilomètres.

Ce n'était qu'une halte, mais elle fut bienfaisante. Notre troupe put camper, se reposer : on déjeuna. Après le repas, nous partîmes pour Dourges : la distance est de six kilomètres ; là, une surprise m'attendait. En arrivant dans la localité, j'aperçus une voiture chargée de caisses ; sur l'une d'elles, épanoui, défiant le destin par sa bonne humeur, trônait un gros homme avec une jambe de bois : c'était M. Bourgeois, notre commissaire de police optimiste.

— Ah! voilà notre bien! s'écria Tétard, notre interprète.

— Il faut dresser un inventaire, dis-je.

— Quand cela?

— Mais tout de suite.

J'avais hâte de savoir exactement ce qu'on avait volé, car je ne me faisais point d'illusions. La veille, malgré leurs promesses, les Allemands avaient pillé tous les vivres laissés dans nos magasins. Les archives des administrations publiques, des notaires, de la municipalité, avaient été conservées par eux. Pourquoi faire? Sitôt la voiture arrêtée, j'examinai les caisses rapportées par le commissaire. L'une d'elles avait été défoncée, 98 000 francs manquaient. Procès-verbal et réclamation officielle furent immédiatement rédigés ; on ne partait que le lendemain. Mais il ne fallait point perdre de temps : je profitai de mon après-midi pour distribuer des secours aux réfugiés ; les pauvres gens allaient en avoir besoin.

Notre départ eut lieu à une heure et demie ; cette fois encore, selon un rite cruel, les Allemands nous réunirent sur le quai dès huit heures du matin. Enfin l'on embarqua. Quel voyage ! Exactement vingt-sept heures de tortures. Nous pensions, la veille, avoir atteint le terme de notre calvaire, trébuché sur la dernière marche. Nous ignorions le supplice que nous réservait l'emprisonnement dans un wagon puant, déjà souillé par des animaux. Qu'on imagine cela ! Nous étions soixante à quatre-vingts personnes, pressées, serrées, nous écrasant les uns les autres. Des enfants se débattaient à demi étouffés ; des vieillards, des malades, gémissaient interminablement. Un soldat en armes, notre geôlier, nous empêcha, pendant ces vingt-sept heures, de sortir, même une seule fois, du wagon. Peut-on réaliser cette horreur? Que de scènes inracontables! Dans notre prison roulante, une jeune femme, avec un petit dans ses bras, se mit tout d'un coup à nous haranguer :

— Je vous délivrerai : ayez confiance en moi. Je suis Jeanne d'Arc, et j'ai mission de sauver la France!

Et pendant des heures, des heures, la folle répéta d'une voix farouche, avec obstination :

— Je vais sauver la France!

Nous nous taisions, n'osant lui parler, la contredire, bouleversés, affligés par cet égarement, cette démence.

Dans un autre wagon, une institutrice, Mlle Lefèvre, râlait, agonisait; il fallut descendre la malade en route; la mère ne voulait pas quitter sa fille, mais elle fut arrachée, emportée, jetée dans le train.

Comment notre martyre devait-il finir? Quand serait-on arrivés? A notre tristesse s'ajoutait dans notre cœur une angoisse lancinante. Où nous menait-on? En Allemagne, avait soufflé un Lensois. Quoi! Était-ce possible? Cette dernière humiliation nous guettait-elle? Toutes les tortures, nous consentions à les subir. Mais celle-là... Enfin, le lendemain, par une matinée hostile et froide, le train stoppa. On nous fit descendre. La station portait le nom d'Havelange. Nous étions en Belgique.

IV

Si l'on m'avait dit, en cours de l'infernal voyage, que nous étions dirigés sur la Belgique, cette nouvelle eût, sans aucun doute, rendu moins terrible notre misère. La Belgique, n'était-ce pas notre sœur mutilée, le grand fossé de sang que les barbares avaient dû sauter avant de se jeter sur notre patrie? On ne pouvait y respirer, pensais-je, qu'un air sain et fort; dans son atmosphère devait vibrer comme une onde de tendresse à l'égard des réfugiés de France. Mais j'avais compté sans l'oppression allemande qui salit, empoisonne tout.

Dès notre premier pas sur la terre martyre, nous éprouvâmes un sentiment mal

17

défini de tristesse, d'isolement. Comment expliquer cet état si particulier? Cette subite dépression n'avait-elle pas pour causes la fatigue, le froid? De plus, il faut se souvenir que nous étions à jeun depuis notre départ d'Hénin-Liétard. Deux besoins nous dominaient : manger, dormir. Mais il n'y fallait pas songer. Nous avions encore six kilomètres de marche pour atteindre Maffe, lieu de notre exil fixé par les autorités allemandes. Dans ce but, vieillards et malades furent entassés avec les bagages dans des chars à bœufs; les autres firent la route à pied.

Nous atteignîmes Maffe à dix heures et demie. Une mauvaise soupe au riz nous attendait; nous nous jetâmes sur nos écuelles sans nous rassasier. A peine arrivés nous souffrions de la terrible maladie qui devait nous harceler, sans répit, jusqu'au dernier jour : la maladie de la faim. La maladie de la faim, oui, c'est bien cela. Elle creusa les visages des femmes, des enfants, allumant dans leurs yeux agrandis des regards de fièvre, s'attachant inlassablement à leurs pas, s'acharnant contre eux.

Quand je songe à la pitance quotidienne des pauvres gens, je me demande, aujourd'hui, comment ils ont pu résister. A quelle réserve secrète prirent-ils leurs forces miraculeuses? Ils étaient réduits aux provisions du comité américain : un kilo de pain pour trois jours, un kilo de bœuf salé, 900 grammes de féculent par personne et par mois, un kilo de phosphatine par enfant au-dessous de seize ans, par vieillard au-dessus de soixante ans. En plus, la soupe populaire du matin. C'était tout.

Aussi chaque jour voyait-on les femmes et les petits, courbés dans les champs, à la recherche des pissenlits, pour augmenter leur ration. Spectacle navrant! En pensant à toutes les denrées qu'il m'avait fallu laisser à Lens, mes poings tremblaient de colère. Pourtant je ne pouvais pas assister, sans rien tenter, à de pareilles tortures.

Je multipliai les réclamations ; j'entrepris des voyages auprès des kommandanturs locales, des comités de ravitaillement, réclamant du sucre, du lait. Pour le sucre, je reçus une réponse favorable, mais à la veille de notre départ, seulement, on consentit un peu de lait pour les malades. Je trouvai deux fours dans le village, afin d'augmenter la ration de pain. Ce fut là tout le résultat de mes démarches.

— Monsieur le maire, est-ce qu'on va bientôt partir ?

— Oui, il est question de nous renvoyer, répliquai-je.

— Oh ! quel bonheur ! Quand cela ?

— Je ne sais pas.

— Mais bientôt ?

— Oui, bientôt.

— Merci, merci, monsieur le maire, j'ai déjà plus de courage.

Et la vieille femme, entrée dans la mairie — je veux dire dans l'auberge de M. Damoiseau, bourgmestre — le dos voûté, le menton sur la poitrine, relevait sa petite tête ridée, les yeux luisants d'espoir.

Une jeune fille, une ancienne cribleuse, lui succédait, son visage énergique à demi caché par un châle :

— Monsieur Basly, je viens pour ma mère, elle ne peut plus se lever.

— Il faut voir le docteur Emery.

— C'est ce que j'ai fait, mais il était déjà parti.

— Alors, adressez-vous à sœur Baptista.

— Oui, c'est vrai, elle la guérira !

Elle avait lancé ces mots d'une voix assurée qui jaillissait, semblait-il, de son âme. Le docteur Ovide Emery, sœur Baptista, ces deux êtres merveilleux de courage, de bonté, avaient repris, à Maffe, leur apostolat interrompu à Lens. Un hospice créé par leurs soins fonctionnait dans une des salles de l'école. Chez moi, les visiteurs ne manquaient pas ! On venait à la mairie pour des renseignements, des conseils ; d'anciens mineurs profitaient de l'occasion pour boire une chope et causer du pays.

Car nous avions installé dans la salle d'auberge les services de la mairie; mes collaborateurs habituels: l'excellent M. Lacorèche, M. Lobry, notre trésorier, étaient là; les institutrices nous aidaient comme là-bas; parmi elles se trouvait Mlle Dejong, qui ne manquait jamais l'occasion d'affirmer, comme à Lens, au risque de sa liberté, son pur patriotisme.

Nous étions fort occupés par la correspondance avec les habitants des autres villages : Barvaux, Somme-Leuze; moi-même, je circulais dans la région pour veiller au bien-être des réfugiés; mais, en dépit de notre activité, un long, un insupportable ennui s'emparait de nous. Nous tombions à tout instant dans de grands silences mélancoliques; plusieurs fois par jour j'entendais ce dialogue :

— A quoi songes-tu?

— Eh! à Lens, bien sûr!

— Tu voudrais y être?

— Cette question. Et toi?

— Moi aussi.

— On était mieux dans nos caves.

— C'est vrai.

Nous avions tous l'obsession de notre petite patrie.

V

LUEURS D'ESPÉRANCE

Comment aurait-on pu se plaire en Belgique? Nous manquions de tout. A vrai dire, on vivait comme des bêtes; levés avec le jour, on se couchait sitôt la nuit venue. Du reste, il ne fallait pas songer à veiller, une bougie valant 4 francs. Dans les pires jours de Lens, nous n'avions connu semblable misère; celle de l'exil est la plus terrible de toutes! Avait-on besoin de chaussures, la paire la plus ordinaire coûtait 120 francs. Pour les vêtements, on n'en trouvait pas au-dessous de 200 francs.

Naturellement, c'était la faute des Allemands si les marchandises atteignaient pareils prix inabordables. Dans la province de Namur, où nous vivions, comme à Lens, comme partout, ils avaient multiplié les réquisitions, raréfié les stocks. Depuis trois ans, ou presque, qu'ils pressuraient le pays, comment n'avaient-ils pas encore tout raflé? Que restait-il encore? Sous nos yeux, ils entrèrent dans les maisons, les visitèrent de fond en comble, quémandeurs insatiables et furieux. Après trois ans!... En notre présence, ils recensèrent les matelas, les harnais des chevaux. C'était là, si j'ose dire, un air connu, car ils avaient usé des mêmes procédés à Lens. Mais ils firent mieux. Maffe étant un centre agricole, les propriétaires avaient coutume de poser trois rangs de fils de fer pour enclore leurs terrains; les Allemands n'en laissèrent qu'un. De plus, par ordre de la kommandantur, des soldats ramassèrent dans les champs des orties qui furent expédiées, par pleins wagons, en Allemagne où, paraît-il, elles étaient utilisées pour la fabrication de certaines étoffes. Ces déprédations, ces larcins n'émouvaient point les Belges. Ils avaient vu, comme nous, déjà tant d'horreurs! Leurs bouches se taisaient par prudence, par crainte. Mais si l'on avait pu lire dans les cœurs! Quand nous exprimions, devant eux, notre désir d'être relâchés, de revoir la France saignante et glorieuse, ils hochaient la tête en disant :

— Pensez-vous qu'ils vont vous laisser partir!

Oui, nous le pensions, nous ne pensions même qu'à cela. Sans cette croyance, que serions-nous devenus? Du reste, les autorités allemandes, par cruauté sans doute, entretenaient chez nous cet espoir. Tous les samedis, pendant le mois de juin, à chacun de ses retours de la kommandantur — il y avait ce jour-là réunion de tous les maires de l'arrondissement de Dinan — Tétard, notre interprète, annonçait :

— Cette fois, c'est pour la semaine prochaine.

La semaine passait sans qu'on reçût aucun ordre; alors nous étions abattus, sans courage. Mais l'espoir renaissait vite;

c'est lui, en définitive, qui devait triompher. Un jour, Tétard arriva, chez le bourgmestre où j'habitais, en brandissant un papier.

— Victoire ! s'écria-t-il. Vous partez entre le 7 et 10 avril.

— Et vous, mon ami?

— Moi, je reste.

— Comment cela?

— Tenez, voici les prescriptions de la kommandantur. C'est un peu long, je vous préviens.

Je saisis le papier que me tendait l'interprète. Il avait raison. Le document était imposant, mais jamais je n'avais lu un billet des autorités allemandes avec autant de plaisir. Mon cœur haletait comme après une longue course, mes doigts tremblaient. Était-ce possible? Est-ce que je ne rêvais pas? Je levai sur Tétard un regard méfiant. Son bon sourire me rassura. Alors, je lus la copie; mais les lignes se brouillaient.

Il était défendu d'emporter :

1° Des titres au porteur ou nominatifs ; 2° des journaux ; 3° du papier blanc ou d'emballage ; 4° de l'or ou des billets français ; 5° des bijoux d'or — toujours ! — 6° des jouets. Ouf ! c'était tout. Enfin, un alinéa disait ceci : « Devront se faire inscrire les enfants au-dessous de 15 ans et les hommes au-dessus de 60 ans et toutes les femmes qui désirent être rapatriés. »

N'était-ce pas l'essentiel ? Nous partions. On allait revoir la France !

La nouvelle était exacte : tous ceux qui satisfaisaient aux conditions voulues firent leurs préparatifs. Non, pas tous, car des mères restèrent auprès de leurs enfants, des épouses auprès de leurs maris, retenus les uns et les autres en exil. Les vraies amours défient toutes les misères, toutes les tortures. Par mon âge, je pouvais songer au retour. Cependant, durant quelques jours, j'hésitai. La pensée de quitter les amis dévoués, les chers compagnons d'infortune, me serrait le cœur. Devais-je partir ? Devais-je rester ? Enfin,

je me décidai à me joindre aux rapatriés.
En France, pensai-je, je pourrai leur être
plus utile encore ; je crierai dans la presse,
au parlement, dans les assemblées publiques, leur malheur, leur détresse. Cette
conviction dicta ma conduite. Mais j'eus
de la peine à prendre une résolution.
Lorsque je sortais dans Maffe, de pauvres
femmes m'arrêtaient :

— Monsieur le maire, s'écriaient-elles
d'une voix pitoyable, est-ce vrai?

— Quoi donc?

— Mais que vous partez?

— Oui, c'est la vérité.

— Alors, que va-t-on devenir?

— N'ayez crainte, je ne vous abandon-
nerai pas.

Je serrais leurs mains, hâtant le pas, pour
leur cacher mon chagrin. Cette réponse, je
la répétai, la veille du départ, au petit groupe
d'employés municipaux qui, sous l'inspira-
tion de M. Huleu, mon adjoint, m'offrirent un bouquet. Je fis des efforts pour
les remercier, mais l'émotion m'étranglait,

piquait mes yeux : « Je dirai au monde, balbutiai-je, quelles furent pour vous les horribles misères de la guerre. Je lui dirai que vous mourez de faim ! » Ils pleuraient, je ne pus achever. Nous nous embrassâmes comme des frères que nous étions devenus, par toutes les épreuves souffertes ensemble.

VI

LES DERNIÈRES VEXATIONS

Notre départ était fixé pour minuit, mais il fallait se rendre à la gare d'Have-lange. Cette fois, malgré les difficultés soulevées par la kommandantur, j'obtins des voitures pour transporter les femmes et leurs bagages. D'ailleurs, nous devions les payer cher. Dès notre entrée dans la gare, on nous imposa une visite corporelle ; celle des Lensoises fut plus dure, plus vexatoire que la nôtre. Des femmes allemandes s'en chargèrent. D'où venaient-elles ? Par quel mystère ces étrangères, correctes, élégantes, soigneusement coif-fées, se trouvaient-elles là ?

En tout cas, elles n'épargnèrent ni les vexations, ni les avanies aux réfugiées.

Plusieurs durent se déshabiller entière-
ment; leurs effets étaient examinés, éparpillés sur le sol, méchamment. Les visi-
teuses riaient de la confusion, de l'irritation
des victimes. Une Lensoise, Mme Husson,
portait sur elle la photographie de sa fille;
l'ennemie, qui la palpait — avec quelle
férocité! — saisit le portrait, le regarda.

— C'est la photographie de votre petite?

— Oui, madame.

— Eh bien, tenez.

Et cette Allemande, mère, elle aussi,
sans doute, déchira la carte en plusieurs
morceaux, lentement, comme si elle lacé-
rait de ses griffes un visage frais et rieur.

Mais ce n'était pas tout : d'autres formalités nous guettaient. On avait volé nos
pièces d'état civil, nos livrets de famille.
Nous devions maintenant changer notre
or contre des bons communaux. Tout l'argent que l'on emportait était inséré dans
une enveloppe au nom de son possesseur.
Celle-ci ne devait être ouverte qu'à la fron-

tière. La frontière, la verrait-on jamais? Cette figuration de départ ne cachait-elle pas un piège? Nous n'étions pas rassurés. Même dans le train nous redoutions quelque contre-ordre. Me croira-t-on? Pendant tout le voyage, je fus inquiet; je murmurai : « Ils ont dû téléphoner. Je vais être arrêté en route. » C'était ma conviction.

Je ne respirai qu'à Schaffhouse, où le pathétique accueil de la Suisse s'affirma par des soins, par des attentions qui nous gonflèrent le cœur. On aurait voulu remercier, mais dans notre gorge les mots ne passaient pas. Nous étions faibles comme après une longue maladie.

Autour de moi, les pauvres voyageuses, serrées les unes contre les autres, apeurées, tremblantes, demandaient aux femmes secourables venues à leur rencontre :

— Est-ce vrai? On peut dire tout ce qu'on pense? Les Allemands ne vont pas venir nous chercher?

Il fallait leur répéter comme à des enfants les mêmes phrases, inlassablement.

Après Schaffhouse, ce fut Zurich qui nous reçut, avec la même douceur reposante dont elle accueille nos grands blessés. N'étions-nous pas des épaves de la guerre, nous aussi?

Mais nous avions hâte de revoir la France, d'être chez nous... Chez nous!... En Suisse, on nous avait dit : « Vous passerez devant une gare française vers huit heures du matin. » Dès l'aube, tout le monde s'éveilla, joyeux, dispos, ragaillardi de forces neuves. Nous collions nos visages aux vitres, chacun tenant à la main un petit drapeau français, qu'on nous avait distribué à Zurich.

Comme le temps nous paraissait long! « Peut-être qu'on a dépassé la gare sans qu'on s'en aperçoive? » dit un pessimiste dans notre compartiment. Le pauvre homme baissa le front, criblé de nos regards furieux. Non, si l'on était entré en France, on l'aurait senti, deviné. L'air n'était pas le même qu'ailleurs. Voyons... sûrement... Soudain, une voix vibrante cria : « La voilà! » On descendit vivement les glaces; les têtes se penchèrent : le train stoppa.

Ce qui se passa très exactement, je ne m'en souviens plus. Aujourd'hui encore, c'est à travers une buée que je revois la petite gare de Le Bouveret avec ses drapeaux, sa longue banderole où était inscrit : *Soyez les bienvenus sur la terre de France!* La terre de France! Des clairons sonnèrent. Alors ceux qui ne sanglotaient pas, dans un coin du wagon, lancèrent à pleins poumons : « Vive la France! » Oui, vive la France toujours! On se trouvait chez nous. Toutes nos douleurs étaient oubliées.

FIN

TABLE DES MATIÈRES

DEUXIÈME PARTIE

TROISIÈME PARTIE

PARIS. TYP. PLON-NOURRIT ET Cⁱᵉ, 8, RUE GARANCIÈRE. 22946.

A LA MÊME LIBRAIRIE

Guynemer, par Henry BORDEAUX. Prix.............. 3 fr. 50

La Jeunesse nouvelle, par Henry BORDEAUX............ 3 fr. 50

Trois Tombes, par Henry BORDEAUX.............. 3 fr. 50

Dixmude, par Ch. LE GOFFIC. (Prix Lasserre 1915)............ 3 fr.

Steenstraete, par Ch. LE GOFFIC................. 3 fr. 50

Les Marais de Saint-Gond, par Ch. LE GOFFIC.............. 3 fr. 50

1914, par ARTHUR-LÉVY.. 3 fr. 50

Les six femmes et l'invasion, par Marguerite YERTA..... 3 fr. 50

***. Notes d'un témoin. Les Grands Jours de France en Amérique. *Mission Viviani-Joffre*.. 3 fr. 50

Journal d'une Française en Amérique, par E. ALTIAR... 3 fr. 50

Au Champ d'honneur, par Hugues LE ROUX............. 3 fr. 50

La France et le Monde. *Angleterre — Etats-Unis*, par Hugues LE ROUX............... 3 fr. 50

L'Heure du Japon, par Hugues LE ROUX................. 3 fr. 50

Le Mystère roumain, par Ch. STIÉNON.................. 3 fr. 50

Notes d'une infirmière, par M. DÉMIANS................ 3 fr.

Une Ambulance de gare, par José ROUSSEL-LÉPINE....... 2 fr. 50

Les Allemands à Louvain, par Hervé DE GRUBEN.............. 2 fr.

Croquis de Paris, par Maurice DEMAISON................ 3 fr. 50

L'Idéal français dans un cœur breton, par le c^te G. DE ROBIEN. 3 fr. 50

Pendant la Grande Guerre, par Gabriel HANOTAUX....... 3 fr. 50

De l'Arrière à l'Avant, par Charles CHENU.............. 3 fr. 50

Le Plan pangermaniste démasqué, par André CHÉRADAME... 4 fr.

Les Dessous de la politique en Orient, par UN ALLEMAND..... 3 fr. 50

La Bataille de la Marne, par Gustave BABIN............. 2 fr.

L'Aveu, par le sous-lieutenant Louis MADELIN............. 1 fr.

La Victoire de la Marne, par le sous-lieutenant L. MADELIN.... 2 fr.

La Mêlée des Flandres. *L'Yser Ypres*, par Louis MADELIN. 3 fr.

L'Expansion française. *De la Sarre au Rhin*, par L. MADELIN. 3 fr.

La Politique marocaine de l'Allemagne, par Louis MAURICE. 3 fr.

Visions de guerre et de victoire, par Enée BOULOC.......... 3 fr. 50

Tu ne tueras pas..., par Enée BOULOC.................. 3 fr.

Les Martyrs d'Alsace et de Lorraine, par André FRIBOURG...... 2 fr.

Chez les Anglais pendant la Grande Guerre, par H. DAVRAY. 3 fr.

L'Œuvre et le Prestige de Lord Kitchener, par H. DAVRAY... 2 fr.

***. Amis de la France. *Le service de campagne de l'ambulance américaine*................ 3 fr. 50

Sentiments de la guerre, par A. BEAUNIER.................. 3 fr.

La Barbarie allemande, par P. GAULTIER................. 3 fr. 50

Un Prophète : Edgar Quinet, par Paul GAUTIER......... 3 fr. 50

L'Algérie et la guerre, par Jean MÉLIA.................. 3 fr. 50

M. Jonnart en Grèce et l'abdication de Constantin, par R. RECOULY. 3 fr.

Majoration temporaire de 30 %, sur le prix des volumes à 3ᶠ50

Majoration temporaire de 20 %, sur les volumes d'autres prix.

(Déc. synd. février 1918.)